Japanese culture
Understanding and
Reading

일본문화의 이해와 독해

이경규 지음

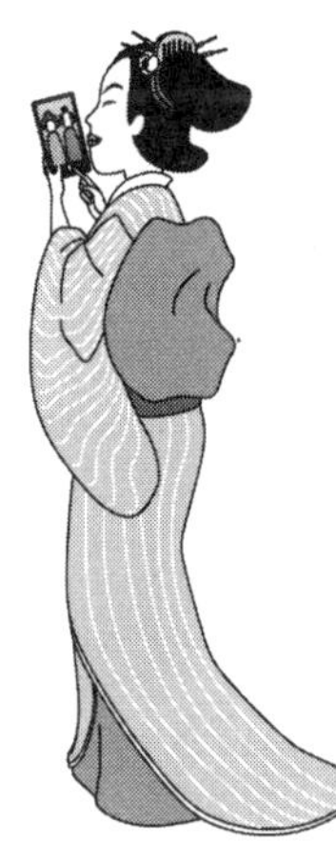

신아사

머리말

일본어 학습자가 일본어 독해 공부를 아무리 열심히 하더라도 중급이나 고급 수준의 학습 성과를 거두기란 좀처럼 쉬운 일이 아니다. 일본어 학습자 대부분은 일본어 문장을 읽어가면서 모르는 단어가 나오게 되면 곧장 사전을 찾아보게 되는데, 만족스러운 독해가 이루어지지 않는 경우가 많다. 좀 어려운 어구라도 등장하게 되면 사전으로 해결하지 못하고 다시 인터넷 사이트를 검색하는 등 많은 시간을 투자해도 만족스러운 성과를 거두지 못하는 경우 또한 종종 있는 일이다.

일본어 사전을 찾아가면서 공부하는 방식만으로는 비록 많은 시간을 투자하여 학습에 임했다 할지라도 독해 학습이 효율적인 성과로 이어지지 못하는 것이 일본어 학습자 대부분이 겪게 되는 실상이다. 이러한 일본어 독해 학습의 비효율적인 면의 개선을 위한 좀 더 효율적인 방법은 없는지 독해 학습의 비결을 묻는 학습자들이 종종 있다. 그 때마다 그들 학습자들에게 일본의 정치, 경제, 사회, 문화 등에 대한 전반적인 지식은 함양되어 있는지를 확인하곤 한다.

일본어 독해는 물론이고 일본어 회화나 작문의 경우에도 일상적인 일본 문화 전반에 관한 사항을 숙지하고 있는 학습자의 경우에는 다른 학습자들에 비해 대단히 효율적으로 학습이 이루어질 수 있다는 것을 필자는 20년 이상의 일본어 교육 현장 경험을 통해서 확인할 수 있었다.

이에 본 교재는 일본어 학습자들이 가장 효과적으로 일본어 독해 레벨 향상을 위한 학습이 이루어질 수 있도록 다음과 같은 사항을 고려하여 집필하였다.

(1) 일본어 학습자에게 필요한 일본의 사회와 문화, 일상생활 전반에 대한 기본적인 사항을 학습할 수 있도록 집필하였다.

(2) 일본의 전통 예능과 전통 스포츠를 비롯하여, 의복 문화, 음식 문화, 주거 문화에 대한 전반적인 내용을 기술하였다.

(3) 일본어 학습자가 일본 문화의 전반적인 내용을 이해하는데 필요한 종교, 역사, 지리, 관혼상제 등에 관해서 기술하였다.

(4) 각 장에서 기술한 본문 내용에 관련된 일본어 문장을 엄선하여 <일본어로 읽는 일본 문화>라는 독해 코너를 마련하여 중급 이상의 레벨을 목표로 하는 일본어 학습자들에게 효과적인 독해 학습이 이루어질 수 있도록 구성하였다.

2018년 12월 31일

이경규

목차

일본문화의 이해와 독해

제1장 일본의 지리와 자연환경

1. 일본의 지리적 특성

일본은 크고 작은 많은 섬으로 이루어졌다는 의미에서 일본 열도라고도 하며, 홋카이도(北海道), 혼슈(本州), 시코쿠(四国), 규슈(九州), 오키나와(沖縄) 등의 주요 섬과 약 6,900여 개의 섬으로 이루어진 해양 국가이다. 일본은 세계 최대의 육지인 유라시아 대륙과 최대 해양인 태평양과의 경계에 위치해 있으며 활발한 지진과 화산 활동을 계속하고 있는 화산지진대 지역이다. 우리나라와는 대한해협을 사이에 두고 있는 가장 인접한 국가이기도 하다. 우리나라는 삼면이 바다로 둘러싸인 반도국가인 반면에, 일본은 나라 전체가 바다로 둘러싸인 섬나라이다. 일본의 국토 면적은 약 38만㎢로 한반도 22만㎢의 약 1.7배이며, 인구는 2018년 현재 약 1억 2700만명 정도로 세계 11위 규모이다.

일본은 우리나라의 동해와 접하고 있으며, 북쪽은 오호츠크해, 서남쪽으로는 동지나해와 접하고 있다. 그리고 동쪽으로는 넓은 태평양에 접해 있다. 이렇듯 대륙과 가까운 섬나라의 지형적 위치는 대륙의 정치적 변화에 크게 영향을 받지 않으면서도 상당히 손쉽게 대륙문화를 받아들일 수 있는 환경이라고 할 수 있다. 그러므로 일본 고유의 전통문화를 유지하면서도 외래문화를 적극적으로 수용하여 일본의 독자적인 문화로 발전시켜 왔다.

일본은 섬나라이지만 주변국과의 거리가 그다지 멀지 않아서 나가사키현(長崎県)의 쓰시마(対馬島)와 부산까지는 49.5㎞로 아주 가깝다. 그리고 홋카이도에서 사할린(樺太)까지의 거리가 40㎞ 정도의 거리에 있으며, 오키나와현(沖縄県)의 요나구니지마(与那国島)에서 대만까지는 100㎞ 정도의 거리에 있다.

일본은 산지가 전 국토의 75%를 차지할 정도로 산지가 차지하는 비율이 매우 높은데, 이러한 산지는 주로 일본열도의 중앙에 형성되어 있기 때문에 태평양 쪽과 일본해(한국의 동해) 쪽으로 나뉜다. 후시산을 비롯하여 해발 2,000~3,000m가 넘는 산들이 즐비하며, 이들 산지는 대부분 화산 활동을 통해서 형성되었다.

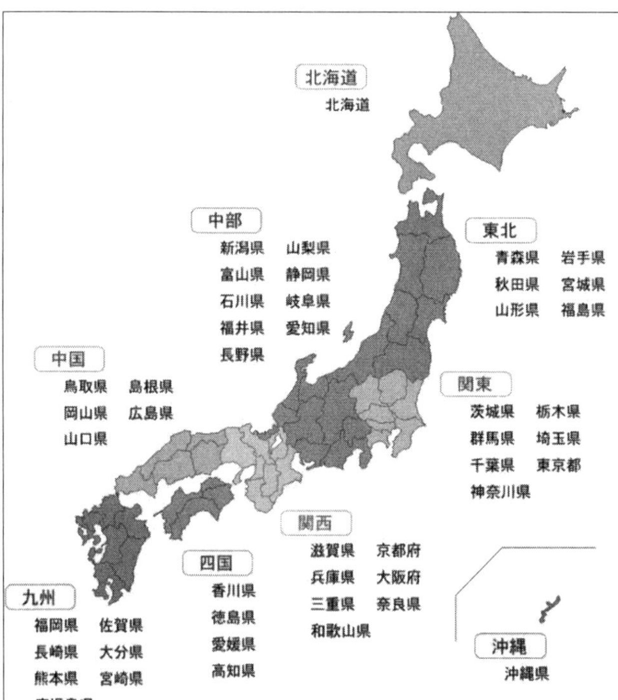

일본 지도

2. 일본의 도도부현과 지방

오늘날의 일본 행정구역은 1도(都), 1도(道), 2부(府), 43현(県)으로 이루어져 있다. 그리고 도도부현 아래에 여러 개의 구(区)와 시(市), 정(町), 촌(村)으로 구성되어 있다. 이러한 도도부현의 행정 시스템은 메이지 시대(明治時代, 1868~1912)에 개편된 폐번지현(廃藩置県)의 형태를 유지하고 있다. 일본 열도는 각 지방을 홋카이도(北海道) 지방, 도호쿠(東北) 지방, 간토(関東) 지방, 주부(中部) 지방, 긴키(近畿) 지방, 주고쿠(中国) 지방, 시코쿠(四国) 지방, 규슈(九州) 지방 등으로 나눌 수 있다. 이들 지역 구분은 행정상의 지방 구분이 아니고 편의상 만들어진 구분이다.

〈표〉 일본의 도도부현과 현청소재지

지 방	도도부현	현청소재지
홋카이도지방	홋카이도(北海道)	삿포로시(札幌市)
도호쿠지방	아오모리현(青森県)	아오모리시(青森市)
	이와테현(岩手県)	모리오카시(盛岡市)
	미야기현(宮城県)	센다이시(仙台市)
	아키타현(秋田県)	아키타시(秋田市)
	야마가타현(山形県)	야마가타시(山形市)
	후쿠시마현(福島県)	후쿠시마시(福島市)
간토지방	도쿄도(東京都)	신주쿠구(新宿区)
	이바라키현(茨城県)	미토시(水戸市)
	도치기현(栃木県)	우츠노미야시(宇都宮市)
	군마현(群馬県)	마에바시시(前橋市)
	사이타마현(埼玉県)	사이타마시(埼玉市)
	지바현(千葉県)	지바시(千葉市)
	가나가와현(神奈川県)	요코하마시(横浜市)
	니가타현(新潟県)	니가타시(新潟市)
	도야마현(富山県)	도야마시(富山市)

주부지방	이시카와현(石川県)	가나자와시(金沢市)
	후쿠이현(福井県)	후쿠이시(福井市)
	야마나시현(山梨県)	고후시(甲府市)
	나가노현(長野県)	나가노시(長野市)
	기후현(岐阜県)	기후시(岐阜市)
	시즈오카현(静岡県)	시즈오카시(静岡市)
	아이치현(愛知県)	나고야시(名古屋市)
긴키지방	오사카부(大阪府)	오사카시(大阪市)
	교토부(京都府)	교토시(京都市)
	미에현(三重県)	쓰시(津市)
	시가현(滋賀県)	오쓰시(大津市)
	효고현(兵庫県)	고베시(神戸市)
	나라현(奈良県)	나라시(奈良市)
	와카야마현(和歌山県)	와카야마시(和歌山市)
주고쿠지방	돗토리현(鳥取県)	돗토리시(鳥取市)
	시마네현(島根県)	마쓰에시(松江市)
	오카야마현(岡山県)	오카야마시(岡山市)
	히로시마현(広島県)	히로시마시(広島市)
	야마구치현(山口県)	야마구치시(山口市)
시코쿠지방	가가와현(香川県)	다카마쓰시(高松市)
	도쿠시마현(徳島県)	도쿠시마시(徳島市)
	에히메현(愛媛県)	마쓰야마시(松山市)
	고치현(高知県)	고치시(高知市)
규슈지방	후쿠오카현(福岡県)	후쿠오카시(福岡市)
	사가현(佐賀県)	사가시(佐賀市)
	나가사키현(長崎県)	나가사키시(長崎市)
	구마모토현(熊本県)	구마모토시(熊本市)
	오이타현(大分県)	오이타시(大分市)
	미야자키현(宮崎県)	미야자키시(宮崎市)
	가고시마현(鹿児島県)	가고시마시(鹿児島市)
오키나와지방	오키나와현(沖縄県)	나하시(那覇市)

1) 홋카이도 지방

홋카이도 지방의 주요도시는 현청소재지인 삿포로(札幌)를 비롯하여 하코다테(函館), 오타루(小樽), 무로란(室蘭) 등의 항구도시가 있다. 홋카이도는 수렵과 임업을 비롯하여 식품가공, 목공업, 펄프, 제지산업과 같은 산업 활동기반을 가지고 있다. 주요 산업은 철·목재 펄프·낙농·어업 등이다. 홋카이도에는 일본 최대의 석탄 광산이 있다.

중심 도시인 삿포로(札幌)는 매년 2월초에 개최되는 눈 축제로 유명한데, 눈과 얼음으로 만들어진 수많은 대형 조각품들이 전시되어 볼거리를 제공해준다. 홋카이도 남쪽의 큰 도시인 하코다테(函館)는 아름다운 야경으로 주목받고 있다.

홋카이도는 메이지 시대 이후에 본격적인 개발이 이루어져 일본인이 여러 지역에서 이주하여 정착하게 되었고, 온천, 스키장, 골프장 등

홋카이도 옛 도청사

관광자원이 풍부하다. 홋카이도는 쓰가루 해협(津軽海峽)을 사이에 두고 혼슈를 비롯한 남부지역과 분리되어 있는데, 이곳의 기후는 일본의 다른 지역들과 매우 달라서, 여름에는 비교적 시원하고 겨울에는 매우 춥다. 홋카이도는 산맥이 섬을 가로지르고 있어 원시림, 활화산, 큰 호수 등의 아름다운 자연경관으로도 유명하다. 홋카이도 동쪽에 있는 구시로(釧路) 저습지는 일본 홍학과 같은 철새의 도래지로 유명하다. 홋카이도는 아한대 기후에 속해 있기 때문에 겨울에는 날씨가 춥고 여름에도 장마가 없다.

홋카이도는 광대한 자연과 독특한 풍경이 빚어내는 예술적이며 환상적인 곳이다. 홋카이도의 도청 소재지인 삿포로는 도시와 자연이 함께 어우러진 매력적인 도시로써 도쿄나 오사카 등의 도시와는 또 다른 일본을 느낄 수 있는 도시이다. 삿포로는 옛날 이 곳에 살던 아이누족의 언어로 '건조하고 드넓은 땅' 이라는 뜻에서 시작되었다고 한다. 삿포로는 일본의 5대 도시의 하나로 1869년 홋카이도에 개척사를 설치하고 대규모 황무지 개발에 착수한 이래 오늘날과 같은 눈부신 발전을 거듭하였다.

아바시리 감옥박물관

일본이 영토 확장에 나서기 전까지 홋카이도는 '에조지(蝦夷地)'라 불리었고, 이곳의 원주민인 아이누족은 수렵 생활 중심의 독자적인 문화와 풍습을 유지하며 살고 있었다.

지금은 아이누족이 거의 일본에 동화 되어버린 상태이다. 메이지 정부는 1871년 호적법을 공표해 아이누를 평민으로 편입했다. 그들의 전통관습을 금지하고, 그들을 삶의 터전에서 내쫓았다. 동화정책의 하나로 아이누어 사용과 수렵, 수목벌채 등을 제한하고 금지했다. 그 이후 아이누족들은 오랜 기간 차별과 빈곤에 허덕였다.

일본인은 아이누족과 그들의 문화는 우월한 일본 문화로 동화되어 사라져야 할 열등한 것으로 여겼고, 이에 기초해서 아이누족에 대한 차별적이고 강제적인 동화 정책이 정당화되었다. 2차 대전에서 패전한 뒤에도 일본에서 아이누족에 대한 차별과 억압은 계속되었다. 현재 홋카이도에 살고 있는 아이누 인구는 2만 4천 명 정도이며, 자신들이 아이누족이라는 사실을 감추고 지내는 사람을 포함하면 훨씬 많을 것으로 추정된다.

홋카이도 개척촌

2) 도호쿠 지방

도호쿠 지방은 혼슈의 동북부 지방에 위치하고 있으며, 중앙부에 남북으로 오우산맥(奥羽山脈)이 뻗어 있어 태평양 쪽과 일본해 쪽으로 나뉘게 되며, 일본해 쪽은 눈이 많이 내리고 태평양 쪽은 쓰나미(津波)의 피해가 빈번하다. 아키타현의 해안 저지대에 하치로호(八郎湖), 아오모리현과 아키타현의 도와다호(十和田湖) 등의 큰 호수가 있다. 이

센다이 다나바타 마쓰리

산지지역은 일본 북동부 전체를 포함하며, 인구의 대부분이 태평양과 일본해 연안을 따라 분포하거나 몇 개의 분지에 모여 있다. 도호쿠 지방은 여름이 짧고 겨울이 길며, 봄과 가을철이 아름답다.

도호쿠 지방은 다른 지방에 비해 개발되지 않은 지역이 많아 자연이 잘 보존되어 있고 온천과 지역축제 등의 관광자원이 풍부하다. 도호쿠 지방에는 매년 여름마다 세 개의 화려한 대규모 축제가 열리는데 아오모리현에서 열리는 네부타 마쓰리(ねぶた祭り), 센다이(仙台)의 다나바타 마쓰리(七夕祭り), 아키타현의 간토 마쓰리(竿燈祭り)가 그것이다.

아오모리현의 남부와 아키타현에 위치한 시라카미(白神) 산지는 대규모의 너도밤나무 원시림이다. 그리고 미야기현의 260개 이상 작은 섬들을 일컫는 마쓰시마(松島)는 일본 3대 경관의 하나로 손꼽힌다.

3) 간토 지방

간토 지방은 혼슈의 중앙 동쪽 지방에 위치하고 있으며, 수도인 도쿄가 위치하고 있기 때문에 정치, 경제, 사회, 문화의 중심지라고 할 수 있다. 도쿄와 인접해 있는 사이타마현과 가나가와현, 지바현은 도쿄 시내 지역으로 출퇴근이 가능한 수도권으로 철도와 도로 등의 교통망이 잘 구축되어 있어 수도권의 베드타운 역할을 하고 있다. 주변지역에는 산이나 온천 등의 자연관광지가 산재해 있으며, 도치기현 닛코(日光)의 신사와 사찰은 세계문화유산으로 등재되어 있다.

도쿄도는 23개의 구(区)와 27개의 시(市), 5개의 정(町), 8개의 촌(村)으로 이루어져 있다. 도쿄, 요코하마(横浜), 가와사키(川崎), 지바(千葉)

등의 주요 도시를 포함하는 이 지방은 일본에서 가장 인구 밀도가 높은 지역이다. 이 지역의 중추인 도쿄-요코하마 지구는 일본의 상업과 산업의 중심지이다. 도쿄만의 연안을 따라서 뻗어있는 게이힌(京浜) 산업지대와 게이요(京葉) 산업지대는 일본에서 가장 큰 산업지대이다.

도쿄는 일본의 수도이며 문화와 오락의 중심지로도 유명한데, 다양한 현대예술과 전통예술 활동이 이루어지고 있다. 고전음악과 대중음악이 도쿄의 많은 콘서트홀에서 공연되고 있으며 박물관과 아트 갤러리들도 매우 많다. 도쿄는 옛 도쿄의 모습을 간직한 채 많은 진통 이벤트와 축제가 열리는 아사쿠사(浅草), 도쿄타워, 긴자(銀座) 거리, 오다이바(お台場), 가부키자(歌舞伎座) 등에서 관광을 즐길 수 있다.

〈표〉 인구가 많은 도시 (2015년 기준)

인구순위	도시	면적(㎢)	인구(만명)	인구밀도(名/㎢)
1	도쿄(東京23区)	619	910.3	14710
2	요코하마시(横浜市)	437	372.2	8508
3	오사카시(大阪市)	225	267.1	11859
4	나고야시(名古屋市)	326	226.0	6925
5	삿포로시(札幌市)	1121	193.6	1727
6	고베시(神戸市)	557	155.1	2784
7	후쿠오카시(福岡市)	343	148.6	4328
8	가와사키시(川崎市)	143	144.5	10108
9	교토시(京都市)	828	141.9	1715
10	사이타마시(埼玉市)	217	126.1	5799
11	히로시마시(広島市)	907	118.8	1311
12	센다이시(仙台市)	786	105.4	1340
13	기타큐슈시(北九州市)	492	97.7	1986
14	지바시(千葉市)	272	96.2	3541
15	사카이시(堺市)	150	84.8	5659

도쿄타워와 스카이트리

가마쿠라 대불

요코하마

4) 주부 지방

혼슈 중부에 있는 주부 지방은 태평양과 일본해를 접하고 있다. 기후는 지역에 따라 매우 다양하여 태평양 쪽은 대체로 일 년 내내 온화한 반면 그 반대쪽은 폭설로 유명하다. 고원지역에 있는 몇몇 마을은 서늘한 날씨로 인해 여름 휴양지로 인기가 높다. 일본해 쪽의 호쿠리쿠(北陸) 지방과 태평양 쪽의 도카이(東海) 지역으로 나눌 수 있으며, 중앙고지에는 히나산맥(飛驒山脈)과 기소산맥(木曽山脈), 아카이시산맥(赤石山脈) 등의 2000~3000m급 산맥으로 이어져 있는 소위 일본알프스가 있다.

여러 개의 높은 산들이 있어서 일본의 지붕이라고 불리는 일본 알프스산맥은 주부 지방의 남북을 길게 가로지르고 있으며, 다테야마(立山)-구로베(黒部) 알펜루트가 여기에 있다. 다테야마-구로베 알펜루트

구로베 댐

는 일본알프스의 다테야마를 관통하는 산악지형의 관광루트로 도야마현에서 나가노현까지 해발고도 2,400m를 다양한 교통수단으로 횡단할 수 있다. 이 루트는 도야마현과 나가노현을 잇는 전체 길이 약 90km이며, 시시각각 변화무쌍하게 펼쳐지는 대자연의 풍경을 만끽할 수 있는 코스이다.

구로베 협곡

주부 지방은 일본 최대의 쌀 생산지이며 쌀과 더불어 차, 밀감, 딸기, 포도, 복숭아, 사과 등의 농작물이 생산된다. 이곳에는 세 개의 산업지대가 있는데 도요타 자동차의 주요 설비본부가 있는 주쿄(中京) 산업지대, 야마하의 기반인 도카이(東海) 산업지대, 호쿠리쿠(北陸) 산업지대를 말한다.

주부 지방에 있는 후지산(富士山)은 3,776m로 일본에서 가장 높으며, 가장 사랑 받는 산으로 일본인들이 신성시하고 있다. 그 원추형의 모습은 예술가들에게 영감을 주어 왔으며, 일본의 상징으로서 세계적으로 알려져 있어, 7월 1일부터 8월 26일까지의 등반 시즌 동안 이곳은 많은 등반객들로 붐빈다.

후지산은 일본의 상징과도 같은 산으로 야마나시현과 시즈오카현에 걸쳐 있고, 도쿄나 요코하마에서도 보일 정도로 큰 산이다. 동서 약 35㎞, 남북 약 45㎞로 넓은 지역을 포함하고 있으며, 가장 최근의 분화는 1707년에 일어났으며, 그 후 지금까지 화산 활동이 일어나지 않고 있다.

시즈오카에서 바라본 후지산

그리고 후지산은 화산활동을 통해서 생겨난 모토스호(本栖湖), 쇼지호(精進湖), 사이호(西湖), 가와구치호(河口湖), 야마나카호(山中湖) 등 5개의 호수가 있는데, 이를 후지5호(富士5湖)라고 한다. 이들 호수 주변에서는 윈드서핑, 낚시, 캠핑, 유람선 관광을 즐길 수 있으며, 하코네(箱根), 이즈반도(伊豆半島) 등과도 가까워서 드라이브 코스로 인기가 있다.

5) 긴키 지방

혼슈의 중서부에 위치한 긴키 지방은 산업적 측면으로 보면, 일본에서 두 번째로 중요한 곳이다. 옛 수도였던 교토(京都)가 바로 이 긴키 지방에 있으며, 오사카(大阪)와 고베(神戸) 같은 도시들이 일본 서부의 상업중심지로 자리를 잡고 있다. 쌀과 감귤류의 과일생산, 벌목, 수산업은 이 지역 경제에 있어서 중요한 산업이다. 오사카는 일본 서부의 금융 중심지로서, 화학, 기계류, 철강, 금속부문이 유명한 산업의 중심지이며 또한 신칸센(新幹線)을 통해 도쿄와 규슈를 연결하는 교통요지이다.

794년부터 1868년까지 일본의 수도로써 천황이 있었던 교토는 사찰과 신사, 여러 유적들로 유명하며 국보와 중요문화재로 지정된 많은 문화유산의 보고이다. 가장 인기 있는 관광지인 교토는 매년 일본뿐 아니라 외국에서 수백만의 관광객이 방문하고 있다. 일본 3대 경관 중의 하나인 아마노 하시다테(天橋立)는 교토의 북동부에 위치한 모래톱이다.

긴키(近畿)가 확정되어 있는 경계선을 나타내는 지리학적인 구분이라면, 간사이(関西)는 오사카와 교토와 고베를 총칭하여 문화와 역사적인 구분으로 간토와 대비되는 명칭이다.

고대 이후 에도 천도 이전까지는 일본의 정치, 경제, 사회, 문화의 중심지였던 지역으로 문화재가 많이 보존되어 있는 유수의 관광지이다.

도다이지(東大寺)와 호류지(法隆寺)

시가현에는 일본 최대의 호수인 비와호(琵琶湖)가 있으며 나라현에는 도다이지(東大寺)와 호류지(法隆寺) 등 불교 건축물이 산재해 있다. 오사카 시내에는 도요토미 히데요시(豊臣秀吉)가 축성한 오사카성이 있고 효고현에는 세계문화유산에 등재되어 있는 히메지성(姫路城)이 있다.

6) 주고쿠 지방

주고쿠 지방의 중앙을 동서로 가르는 주고쿠산맥(中国山脈)이 일본해 쪽의 산인 지방(山陰地方)과 세토내해(瀬戸内海) 쪽의 산요 지방(山陽地方)으로 나뉘며, 두 지역의 기후와 풍토는 큰 차이를 보이고 있다. 산인 지방은 해안선이 단순하고 겨울에 눈이 많이 내린다. 반면 산요 지방은 해안선이 복잡하고 많은 섬이 속해 있으며 연간 많은 비가 내린다. 히로시마현은 제2차 세계대전 말에 세계 최초로 원자폭탄이 투하된 지역으로 히로시마에 있는 평화기념 공원에는 원폭기념관이 세워져 있어 그 당시의 비극을 떠올리게 하는 곳이다.

히로시마 원폭기념관

히로시마현에는 일본 3대 경관 중의 하나이며, 미야지마(宮島)로도 알려진 이쓰쿠시마(厳島)가 있다. 이곳은 이쓰쿠시마 신사(厳島神社)로 유명한데 신사의 출입 통로가 섬과 혼슈 사이의 만(湾)에 있다.

7) 시코쿠 지방

시코쿠 지방은 혼슈의 서남쪽에 위치하고 있으며, 높고 험준한 산맥 때문에 농업과 거주는 제한을 받고 있으며, 대규모 산업 또한 많지 않은 편이다. 시코쿠의 태평양 연안지역은 아열대 기후이다. 그리고 도쿠시마현과 효고현의 아와지시마(淡路島)를 연결하는 나루토 해협(鳴門海峡)은 소용돌이 해류로 유명하다.

북쪽 지역은 강수량이 적어 물 부족을 겪고 있으며, 남쪽 지역은 비가 많이 내리고 태풍이 자주 상륙한다. 혼슈와 바다를 사이에 두고 있

세토대교 전경

어 교통이 불편한 지역이었으나, 최근에는 세토대교(瀨戸大橋)를 비롯한 세 개의 대교가 건설되어 도로와 철도로 연결되어 있다. 시코쿠 지역은 주로 농업과 어업이 발달해 있으며, 세토내해 연안 지역은 공업지대를 형성하고 있다.

8) 규슈 지방

일본의 본토 남단에 위치하고 있는 규슈 지방은 오키나와현(沖縄県)을 포함하여 규슈 · 오키나와 지방이라고도 부른다. 일본 열도의 최서남단에 위치한 지역으로 대륙과의 교류에 있어서는 고대부터 관문의 역할을 해온 지역이다. 이 지역은 중국이나 한반도, 동남아시아와의 접촉이 용이하여 예로부터 외래문화의 영향을 많이 받은 지역이기도 하다. 그리고 오키나와를 비롯한 남서제도는 일본의 다른 지역과 다른 독특한 문화를 형성해오고 있다.

규슈 지방은 해안과 평야, 화산, 온천이 있는 지역으로 아열대 기후이며 농업과 축산업, 양돈, 그리고 수산업이 활발한 지역이다. 이곳의 기타큐슈 공업지대는 중화학공업의 집산지이다.

규슈는 교량과 해저터널, 도로와 철도로 혼슈와 연결되어 있다. 후쿠오카현의 하카타(博多)역은 산요신칸센(山陽新幹線)의 터미널이다. 주요 관광지는 온천으로 유명한 오이타현의 벳푸(別府)와 구마모토현에 있는 구마모토성(熊本城)과 아소산(阿蘇山), 가고시마현의 사쿠라지마(桜島)이다.

오키나와현은 규슈 남부에서 멀리 떨어진 60개의 섬들을 포함하고 있다. 오키나와현은 본래 류큐왕국(琉球王国)이라는 독립국이었는데, 에도 시대(江戸時代, 1603~1868)에 지금의 가고시마현인 사쓰마번(薩摩藩)의 지배하에 들어가게 되었고, 메이지 시대에 일본으로 강제 복속되었다. 1945년, 오키나와는 태평양전쟁의 최후 격전지가 된다. 1945년 3월, 오

오키나와의 슈리성

벳푸온천

키나와에 상륙한 미군 18만 명에 대항하여 일본군 7만 명이 전투를 벌였다. 미군의 일본 본토 상륙을 최대한 저지하기 위해 일본은 오키나와에 미군을 최대한 묶어두려 했다. 6월 미군이 오키나와를 점령하기까지, 3개월의 짧은 전투에서 오키나와 주민의 25%인 12만 명 이상이 목숨을 잃었다.

오키나와는 태평양전쟁 이후 미군기지로 사용되다가 1972년 일본에 반환된다. 이후 일본에 있는 미군기지의 75%가 있는 오키나와는 일본뿐만 아니라, 아시아의 군사 방패막이다. 오키나와는 동북아, 미주, 동남아 세 지역이 접속하는 군사 요충지이다.

3. 일본의 기후

일본의 지형은 지구의 역사에서도 상당히 늦은 시대에 활발한 조산운동의 결과 형성되었으며, 지구상의 가장 불안정한 환태평양 조산대에 포함되어 있다. 지진도 많고 화산활동도 활발하며, 산지는 험준하며 높고 계곡은 좁고 깊다. 중부지방에는 3,000m가 넘는 산이 여러 개 있으며, 일본의 평야는 구조평야나 침식평야에 속하는 곳은 없고, 하천 하류에 토사가 퇴적하여 형성된 충적평야이다.

일본의 지형은 오랜 세월에 걸친 지각변동, 화산활동 및 이에 따른 해안선의 변화로 일본의 국토 형태에서 지질학적 역사를 알 수 있다. 그리고 일본은 대부분이 높은 산과 협곡으로 구성되어 남북으로 가늘고 길게 이어져 있으며, 산맥은 주로 혼슈의 중앙부에 등뼈처럼 남북으로 늘어져 있는 지형을 따라서 이어져 있어 국토의 75%가 산지이다. 혼슈에 있는 일본알프스는 환태평양의 일부로서 매우 아름답고, 가장 유명한 산은 일본에서 가장 높은 후지산이다.

일본의 기후는 주로 습도가 높은 온대 기후에 속하지만, 국토가 남북으로 길고 위도상으로 변화가 크기 때문에 아열대에서 아한대에 이르기까지 다양한 기후 분포를 나타내고 있다. 그러므로 지역에 따라 기후의 변화가 매우 심하다. 북쪽의 홋카이도와 혼슈의 북부 및 중부 내륙의 고지대는 아한대 기후, 남쪽의 오키나와를 비롯한 여러 섬들은 아열대 기후를 보이고 있으며, 그 이외의 대부분의 지역은 다습한 온대성 기후 분포를 나타내고 있다. 연평균 기온은 홋카이도의 와카나이(稚内)가 6.3℃, 오키나와의 나하(那覇)가 22.3℃로 최북단과 최남단의 차이가 16℃에 달한다.

4. 자연재해

혼슈의 중앙부는 2,000m급 산맥으로 이루어져 있기 때문에 일본해 쪽과 태평양 쪽으로 나뉘어 각각 대륙 기후와 태평양 기후의 영향을 받는다. 이러한 지리적 조건 때문에 태평양 쪽 지역은 초여름에 장마와 집중호우, 여름과 가을에는 태풍의 피해가 빈번하고 일본해 쪽 지역은 겨울에 강설량이 많아 폭설 피해가 많다. 그리고 장마와 태풍이 가져오는 강수량은 지역에 따라 차이가 있지만, 남쪽으로 갈수록 강수량이 많아진다. 장마와 태풍은 일본의 수자원 확보에 기여하고 있기도 하지만, 자연재해의 큰 요인이 된다. 일본은 지리적으로 환태평양 지진대에 속해 있기 때문에 지진과 화산 활동이 매우 활발하여 지진과 화산 피해도 많다. 이와 같이 일본은 지진, 화산, 홍수, 태풍, 폭설 등의 자연재해로 인한 인명과 재산의 피해가 많은 국가이다.

1) 지 진

일본은 환태평양 지진대에 속하는 국가로 태평양 플레이트, 필리핀 플레이트, 유라시아 플레이트, 북미 플레이트 등 4개의 플레이트가 부딪치는 곳에 위치하고 있어 지반이 매우 불안정하다. 세계에서 발생하는 진도(震度) 6.0 이상의 지진 중에서 약 20%가 일본에서 발생하고 있고, 감지하지 못하는 지진까지 포함하면 상당히 많은 지진이 일어난다. 최근 100년 사이의 대표적인 지진은 1923년의 간토대지진(関東大震災)과 1995년 한신대지진(阪神大震災), 2011년 동일본대지진(東日本大震災)이다. 이들 세 지진으로 대략 17만 여명의 사망자가 발생할 정도로 막대한 인명피해를 입게 되었으며, 사망자의 상당수가 화재와 쓰나미에 의한 2차 피해로 파악되고 있다. 특히, 간토대지진 때는 재

동일본 대지진

일한국인에 대한 악의적인 유언비어가 퍼져나가 재일한국인이 대규모로 학살당하는 일까지 벌어졌다.

2) 화 산

일본은 화산 활동이 활발해 화산 분화로 인한 피해가 자주 발생한다. 화산 분화로 인해 흘러나온 용암이나 화산재가 인명과 주택, 가축, 농지 등의 피해를 입히는 경우가 종종 있다. 2000년에는 도쿄도의 미야케지마(三宅島)에서 화산이 분화하여 섬주민이 모두 대피한 일이 있다. 그리고 나가노현과 기후현에 걸쳐있는 온타케산(御嶽山)은 2014년에 화산 분화가 일어나 다량의 화산재가 분출되어 등산객 50명이 넘는 사망자가 발생했다. 일본을 대표하는 후지산도 여러 차례 분화가 일어났으며, 앞으로도 분화할 가능성이 높은 곳이다. 또한 일본은 전국적으로 화산이 분포하고 있어 양질의 온천이 발달하여 세계적인

온타케산 화산 분화

수준의 온천 관광지로 발전하고 있다.

3) 태풍과 폭설

북태평양 남서부에서 발생한 열대성 저기압이 발달하여 여러 태풍이 일본에 상륙한다. 특히 오키나와현과 가고시마현, 그리고 고치현에는 매년 태풍이 상륙하거나 지나간다. 이와 같이 일본은 태풍이 빈번하게 통과하며, 해발고도가 낮은 지역이 그 피해를 받기 쉽다. 태풍에 의한 강풍과 호우, 하천의 범람 등으로 매년 막대한 피해가 발생하고 있는데, 나고야에서 1959년 이세만(伊勢湾) 태풍으로 인해 많은 인명 피해가 발생했다. 2018년 9월초에 초속 50미터 이상의 강풍을 동반한 대형 태풍 제비가 일본 중서부 지방에 상륙하면서 피해가 속출했다. 오사카 일대에 초속 50미터가 넘는 초강력 태풍으로 인해 간사이 공항은 침수됐고 기차 등과 같은 대중교통이 마비되는 상황에 처했다. 그리고 높은 파도로 공항이 침수되면서 간사이 공항이 일시적으로 폐쇄되었고, 오사카 일대의 바닷물 수위가 최고조에 달해 관측 사상 최고를 기록하기도 했다.

그리고 혼슈의 일본해 인접 지역은 유수의 폭설지역이다. 겨울철에 대륙에서 불어오는 계절풍이 일본해의 수증기를 머금은 상태로 혼슈 중앙부의 산맥에 부딪쳐 많은 눈이 내린다. 산간 지역에서는 2~3m의 눈이 내리고 지역에 따라서는 5m 이상의 눈이 내리는 경우도 있다. 적설 기간도 5개월 이상 지속되는 곳이 있으며, 이 기간에는 주민들의 경제 활동이 어려워지고 쌓인 눈으로 인해 집이 붕괴 위험에 처하게 되는 경우도 있기 때문에 강설량이 많은 지역은 무엇보다도 제설 작업에 총력을 기울여야 한다.

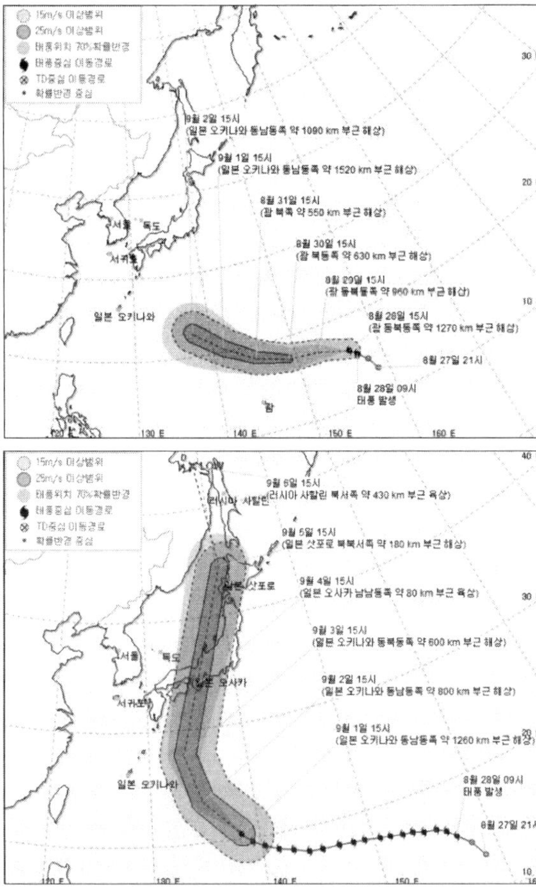

태풍 발생경로 (태풍 21호, 제비)

〈독해〉 일본어로 읽는 일본문화(1)

① 日本三景

日本三景とは古くから知られているみっつの景勝地のことで、松島、天橋立、宮島のことをいいます。この言葉は、江戸時代前期、儒学者・貝原益軒の著書が文献上の初出とされており、このころから一般的に知られているグループ分けであったと考えられています。日本三景は景勝地の代表格として、一種の憧れに近い感情とともに日本人に親しまれ続けてきました。明治時代には軍艦の名称に使われ、これも国民の人気を博していました。もちろん現代においても、観光地としての賑わっています。

松島は、宮城県の松島湾に浮かぶ大小260あまりの島々のことです。海岸から湾内を望めば青い海に折り重なるように浮かぶ島々が、船で海に出ればそれぞれの島の個性的なシルエットが楽しめる、一大景勝地です。

遊覧船で湾内を展望できるほか、松島四大観という展望スポットが存在し、その眺望は日本三景でも一番と評されることもあります。

アクセスは、鉄道であればJR仙台駅から仙石線に乗り換え松島海岸駅下車、自動車では三陸自動車道・松島海岸ICより県道144号線を3キロほどとなります。

天橋立は、京都府宮津市の宮津湾にある砂州です。宮津湾を南北にわける全長3.6キロメートルほどの砂地で、全体に松林が生えています。平安時代の百人一首のなかで詠まれるほど古代から知られている名勝地です。

展望スポットとしては、おもに斜め一文字と飛龍観が知られており、それぞれ公園として整備されています。高台から見下ろす天橋立の景観は素晴らしく、「天橋立の股のぞき」がよく知られています。

最寄り駅は京都丹後鉄道宮津線の天橋立駅です。天橋立の南端は駅に隣接しており、また飛龍観にも有料ではありますがリフトで登れますので、この周辺が観光の拠点として最も便利でしょう。

宮島は、広島湾に浮かぶ厳島のことで、安芸の宮島と呼ばれています。厳島はもともと信仰の対象であり、平安時代末期から海上交通の拠点として重要視されていました。

宮島でメインとなるのは、厳島神社です。この神社は平安末期に平清盛の庇護を受け発展し、平家納経などが奉納されたことで知られています。建物のほとんどが国宝や重要文化財に指定されているだけでなく、宝物殿では国宝・平家納経のレプリカのほか甲冑や書画など多くの貴重な展示物があり、景色を楽しむだけでなく歴史をしのぶこともできます。

また、猿や鹿が間近に見られるのも特徴ですが、奈良の東大寺と違い鹿にエサをやるのは禁止されています。最寄り駅はJR山陽本線宮島口駅と広島電鉄宮島線の広電宮島口駅で、駅前からフェリーが出ており、所要時間は約10分です。また、広島港からの瀬戸内シーラインの高速船でのアクセスも可能です。

(『TRAVEL-STOCK』https://travel.iwada.org/kanko/post-31/)

② 超大型台風21号による被害と今後の進路

超大型の台風21号は西日本に記録的な大雨と暴風をもたらし、各地で被害が出ている。台風21号は23日午前3時ごろに静岡・御前崎市付近に上陸し、昼ごろには東北地方から太平洋側に抜ける見込みだ。記録的な大雨となった和歌山・新宮市では、午前0時までの48時間で観測史上最多の888.5ミリの雨を観測した。

各地で被害が出ていて、和歌山・紀の川市では、22日午後8時ごろ住宅に土砂が流れ込み、1人が行方不明になっている。午前1時前には、富山港で係留中の貨物船が流されて座礁し、ロシア人の乗組員およそ20人が取り残された。

また、大阪・堺市では広い範囲で冠水被害が出ていて164人が避難したほか、阪南市では川にかかる南海本線の陸橋の線路がゆがみ、運転士が列車を停止させ乗客100人を近くの駅まで誘導した。このほか、福岡市の工事現場では、足場が崩れ通りかかった平嶋雅男さん(63)が下敷きになり死亡した。

台風は、このあと関東地方を通過し、昼ごろには東北地方から太平洋側に抜ける見込み。北陸や東北地方では、1時間に50ミリ以上の非常に激しい雨が予想されている。24日6時までの24時間に予想される雨量は、多いところで、北陸地方で180ミリ、東北地方で160ミリ、北海道地方で100ミリとなっている。

予想最大瞬間風速は、関東甲信や北陸・東北などで45メートルなどで、大雨や暴風、高波などに厳重な警戒が必要となる。また、全国各地で暴風警報や土砂災害警戒情報が出ていて、台風が過ぎた地域でも厳重な注意が必要だ。

(『ホウドウキョク』www.houdoukyoku.jp/posts/20288/)

③ 予想される向こう3か月の天候(2018年10月～)

平均気温は、北日本で平年並または高い確率ともに40%、東・西日本と沖縄・奄美で高い確率50%です。降水量は、東日本太平洋側と西日本で平年並または多い確率ともに40%です。

<10月>

北日本は数日の周期で天気が変わり、太平洋側は平年と同様に晴れの日が多いでしょう。東日本は、数日の周期で天気が変わるでしょう。西日本と沖縄・奄美は数日の周期で天気が変わり、平年と同様に晴れの日が多いでしょう。

<11月>

北日本日本海側は、平年と同様に曇りや雨または雪の日が多いでしょう。北日本太平洋側は、平年と同様に晴れの日が多いでしょう。東日本日本海側は、平年と同様に曇りや雨の日が多いでしょう。西日本日本海側は、平年に比べ曇りや雨の日が多いでしょう。東・西日本太平洋側は、平年に比べ晴れの日が少ないでしょう。沖縄・奄美は数日の周期で天気が変わり、期間の後半は平年と同様に曇りや雨の日が多い見込みです。

<12月>

北日本日本海側は、平年と同様に曇りや雪または雨の日が多いでしょう。東日本日本海側は、平年に比べ曇りや雨または雪の日が少ないでしょう。西日本日本海側は、平年と同様に曇りや雨または雪の日が多いでしょう。北・東・西日本太平洋側は、平年と同様に晴れの日が多いでしょう。沖縄・奄美は、平年と同様に曇りや雨の日が多いでしょう。

(『tenki.jpラボ』 https://tenki.jp/long/three_month/)

④「沖縄の人々を先住民族と認めるように」国連が勧告、政府「ア

イヌ以外に存在しない」

国連の人種差別撤廃委員会などは2008年10月以降、日本政府に沖縄の人々を先住民族と認めるよう、複数回にわたって勧告している。これ関して木原誠二外務副大臣は4月27日、衆院内閣委員会で「事実上の撤回や修正をするよう働きかけていきたい」と述べ、国連の勧告に応じない方針を示した。宮崎政久氏(自民)の質問に答えた。

これまでに国連の人種差別撤廃委員会などは、沖縄の人々を先住民族として認め、土地や天然資源に対する権利を保障するよう日本政府に法改正を求めている。2014年8月には「沖縄の人々は先住民族」として、その権利を保護するよう勧告する「最終見解」を採択した。

これについて宮崎氏は「国益に関わる大きなリスクだ。尖閣諸島を含む沖縄の土地や天然資源が、どこに帰属するのかを問題にされかねない話だ」と批判。「多くの沖縄県民は先住民族だと思っていません。誠に失礼な話だと思う。民族分断工作と言ってもいいようなことを放置しないでほしい」と政府への対応を求めた。

外務省の飯島俊郎参事官は「政府として先住民族として認識しているのは、アイヌの人々以外には存在いたしません。これら(国連の)委員会による最終見解や勧告などによって、日本の立場が変更されたということはございません」と答弁した。

また木原・外務副大臣は、沖縄県・豊見城市議会が国連勧告撤回を求める意見書を採択したことに触れ「政府の立場と異なる勧告や、実情を反映していない意見については、事実上の撤回や修正をするよう働きかけていきたい」と述べた。

沖縄タイムスは賛否両論の声を紹介している。政府への反対意見として「琉球国の時代や、その後日本に併合された歴史を振り返れば、国連が示す先住民族の定義にあてはまるのは誰が見ても明らかだ」とした「琉球弧の先住民族会」の宮里護佐丸代表のコメントを紹介した。一方で、新垣亜矢子・豊見城市議の「県民は日本人であることが前提だ。意見書を後押ししてもらう答弁に感謝している」と木原副大臣を評価する声も紹介している。

琉球新報は、島袋純・琉球大教授の話として「仮に国連に抗議をしても沖縄の権利を奪う意図があるのかと思われるだけだ」という見解を紹介した。

(『HUFFPOST』 https://www.huffingtonpost.jp/2016/04/27/)

제2장 일본인의 종교의식

1. 일본인의 종교관

종교란 인간이 스스로 유한성을 깨달았을 때 초자연적인 절대자의 힘에 의존하여 인간 생활의 고뇌를 해결하고 삶의 궁극적 의미를 영위하고자 하는 문화 체계이다. 그러므로 종교의 본질은 필연적으로 인간의 존재와 세속을 부정하고 초월하고자 하는 점에 있을 것이다. 이러한 측면에서 보면 한국인도 일본인도 모두 같을 것이다. 그러나 한국인과 일본인의 종교 의식에는 많은 차이가 있는 것을 느끼게 된다. 이러한 차이는 어쩌면 불교와 기독교 등의 주요 교단 종교가 들어오기 전에 존재했던 한국과 일본의 토속 종교의 존재 방식과 종교가 정착되어가는 과정에서의 차이라고도 볼 수 있다.

일본인들은 초인간적인 존재로서의 수많은 성스러운 신들이 사방에 가득 차 있다는 믿음을 갖고 있었다. 이러한 신앙을 바탕으로 일본 고유종교로서의 신도(神道)가 나타났다. 신도는 자연에 대한 숭배심이 종교로 발전한 것으로, 애니미즘의 일종이다. 신도는 초기에는 창시자도 교리도 없었으나, 불교와 유교의 영향을 받으면서 신전을 짓고 교리를 가르치게 되었다.

신도는 원시시대부터 일본 민족의 생활 체험을 통해서 자연스럽게 형성되어 온 애니미즘적인 자연종교로서 일본인들의 자연관과 조상

숭배 사상의 핵심이라고 할 수 있다. 그리고 오랜 기간 동안 형성되어 오면서 불교와 유교의 영향을 받은 부분도 상당하다. 신도는 기본적으로 다신교이며, 모든 삼라만상은 신을 낳고 주관하며 모든 자연물에 신이 내려있다고 믿고 있다.

쇼토쿠 태자(聖徳太子)는 고구려의 승려 혜자로부터 불교를 받아들여 보호하였고, 그 뒤 백제로부터 기술자를 불러 호류지(法隆寺) 등 많은 사찰이 일본 각지에 세워졌다. 에도 시대에는 막부의 보호를 받아 크게 융성했으나, 지금은 선조 공양을 주로 하는 장례식 불교의 성격이 강하다. 불교는 신도와 서로 영향을 주고받으며 발전하여 독특한 일본만의 신불신앙을 탄생시켰다. 현재 일본의 가정에는 신단과 불단이 함께 있는 경우도 흔하다. 이와 같이 일본의 종교는 기존의 신도 신앙을 중심으로 불교 전래 후에 두 종교가 함께 전파되었으며 현재도 일본인들의 생활의 기본이 되고 있다.

일본인들은 여러 종교를 동시에 수용하는 모순적 양상을 띠고 있으며, 종교에 대한 관대한 경향을 보이고 있다. 이것은 달리 보면 일본인이 종교에 관대하다는 것보다 다신교적인 신도가 외국에서 들어온 종교에 관대하다는 해석도 가능할 것이다. 많은 일본인들이 출생이나 결혼식은 신도 의식으로 하고 장례식은 불교식으로 치른다. 정월 초하루에는 신사에 가서 하쓰모데(初詣)를 올리고 오본(お盆)에는 절에 가서 불공을 드리며, 성탄절에는 아기 예수 탄생을 축하한다.

일본 전국에 신사가 8만 군데 정도 있으며, 신자의 수는 1억 명이 넘어 전체 인구의 90%에 이른다. 불교 신자의 수도 9천만 명이 넘는다. 일본의 종교 인구는 일본의 총인구의 2배 가까이 될 수 있다. 이러한 중층적(重層的) 신앙은 일본인의 가장 큰 특징이라고 볼 수 있을 것이다.

신사의 도리이

2. 일본의 주요종교

1) 신도(神道)

일본인들은 초기에는 자연물이나 자연현상을 신으로 삼았지만, 서서히 선조를 신으로 삼게 되었다. 신도는 일본 고유의 자연종교이며, 독특한 토착신앙을 통해서 자연에 대한 숭배심이 종교로 발전한 애니미즘의 일종이다. 신도라는 용어는 『니혼쇼키(日本書紀)』(720)에 처음으로 등장했으며, 본래는 종교 의식이나 신, 신사 등을 의미했으나 2세기 후반 이후 특정종교를 표현하는 말로 쓰이기 시작했다. 율령체제가 완비되고 황권이 확립된 나라 시대와 헤이안 시대에는 황실 종교로 자리를 잡아갔다. 그리고 8~9세기부터는 신도와 불교 간의 영향을 받아서 더욱 체계적인 교의와 의식이 완성되기에 이른다. 처음에는 나중에 들어온 불교와 마찰을 일으키기도 했지만, 신불습합(神佛習合)이 이루어지면서 신도와 불교를 함께 믿을 수 있게 된 것이다.

에도 시대에 유교가 전래되면서 신도는 불교의 영향에서 벗어나 주자학의 영향을 받게 되면서 체계적인 교의가 정립되었다. 메이지 시대에는 배불(排佛) 운동이 전개되면서 신불(神佛)의 분리가 추진되었고, 신도는 천황의 권위를 유지하기 위한 국가 종교가 되어 신사는 정부의 관할 하에 놓이게 된다. 결국 국가와 종교의 합체는 국수주의적인 기풍을 몰고 왔으며, 특히 1930년대 이후에는 국가 신도가 널리 보급되기에 이른다. 그러나 제2차 세계대전 이후 국가와의 관계가 단절되고 신사신도와 종파신도만이 남게 된다. 결국 신도는 일본인의 감성의 기초를 이루고 있으며, 오늘날의 일본인은 신도에 대해 신앙심보다는 문화적 동질성으로 느끼는 사람이 대부분이라 할 것이다.

신사는 신을 모시는 곳으로 신도 의식을 거행하고 소원을 비는 본전(本殿)과 부속 건물 등을 포함한다. 신사 안의 본전에는 신의 영(靈)이 살고 있다는 신체(神體)가 있다. 본전 바로 앞에는 참배하는 배전

메이지신궁

(拜殿)이 있으며, 신관(神官)이 이곳에서 의식을 행하고 참배자는 참배를 한다. 참배자는 먼저 손뼉을 치고 배전 기둥에 매달려 있는 밧줄을 당겨서 종을 울리면 본전에 모셔져 있는 신에게 자신의 존재를 알리게 되는 것이다. 신사 입구에는 본 건물이 신사임을 상징적으로 알리기 위한 도리이(鳥居)를 세웠다. 신사의 수는 전국적으로 일본의 종교에서 가장 많은 8만 개 이상이다. 그들의 신사에서 섬기고 있는 신의 종류도 무수히 많다. 이들 신 중에는 역대 천황이나 도요토미 히데요시(豊臣秀吉), 이토 히로부미(伊藤博文), 러일전쟁의 군인 영웅인 노기 마레스케(乃木希典) 등과 같이 실존했던 인물들도 있다.

2) 불 교

일본의 불교는 6세기 중엽 중국과 한반도를 거쳐 일본으로 전해졌다. 일본에 전해진 불교는 여러 호족들의 지지를 받아 마침내 쇼토쿠 태자가 불교장려책을 쓰게 됨으로서 공식적으로 지위를 굳혔다. 나라 시대에는 중국 불교가 황금기를 이룬 때로, 그들의 여러 종파가 차례로 건너와 삼론(三論), 법상(法相), 성실(成實), 구사(倶舍), 율(律), 화엄(華嚴) 등 주요 6종파가 성립되었다. 그리고 헤이안 시대에는 천태(天台), 진언(眞言)의 2종파 중심으로 발전되어 나라 시대의 6종파는 그 세력을 잃어갔다.

일본 불교가 일반 민중 속에 뿌리를 내린 것은 가마쿠라 시대이며, 말법사상(末法思想)을 배경으로 일어난 정토종(淨土宗)이 급속히 교세를 넓히게 되었다. 정토종을 확립한 승려 호젠(法然)의 문하에 많은 인재가 모여 여러 종파로 나뉘어졌는데, 그 중에서 주목할 만한 사람으

교토의 금각사

로 정토진종(淨土眞宗)을 열게 된 신란(親鸞)이다. 가마쿠라 불교의 대미를 장식한 것은 니치렌슈(日蓮宗)로 처음에 진언밀교(眞言密教)를 배우고, 이어 천태를 배워 법화경의 진리를 깨달았다. 무로마치 시대 이후 불교는 점차 쇠퇴하기 시작했고, 에도 시대에는 정권의 도구로 타락했다. 메이지 유신 이후에 여러 종파의 부흥 운동이 일어나 근대적 종교로서의 불교로 발전하게 되었다.

일본인의 생활은 불교와 밀접한 관계가 있다. 신자가 아니더라도 절에 참배하고 장례를 불교식으로 행하며 죽은 후에는 불교식 이름을 붙인다. 일본의 종교에 있어서 불교의 영향은 매우 크며 현재 일본의 절과 승려의 수도 상당히 많다.

3) 크리스트교

일본에 크리스트교가 처음 전래된 것은 1549년 가톨릭 교파인 예수회의 프란시스 자비에르가 가고시마현에 도래한 때부터이다. 서양 문물에 관심을 가진 사람들이 가톨릭 포교에 호의적이었다. 1613년에는 외국인 선교사가 국외로 추방당하는 일이 발생하여 가톨릭이 금지된 이후에도 일부 신자들은 비밀리에 신앙을 지켰지만 발각되어 사형을 당하거나 박해를 입은 사람이 적지 않았다. 에도 막부의 도쿠가와 이에야스는 전국 통일 이후, 계속해서 확장해가는 크리스트교 세력에 위기감을 느껴 크리스트교 금제(禁制)를 단행했다. 나가사키현의 시마바라(島原)에서는 크리스트교의 탄압에 대항한 시마바라의 난이 일어났다. 4개월간의 반란은 막부군에 의해 진압되었고, 이후 크리스트교는 혹독한 탄압을 받게 되어, 계속해서 250년 가까이 금지를 당하게 되었다.

미국의 페리 제독에 의해 문호가 개방된 후, 미국의 장로교 선교사들에 의해 개신교가 들어오기 시작했다. 쇼와천황은 난립한 교단을 하나로 통합해서 일본 크리스트교단을 만들었는데, 일본 크리스트교단은 천황 숭배와 신사 참배에 적극적으로 나서면서 어용종교로 전락하였다.

오랜 기간에 걸친 탄압으로 인해 일반인들의 입장에서는 크리스트교를 기피하는 인식이 자리 잡게 되었으며, 에도 시대의 현실을 중시하는 삶의 방식과도 무관하지 않을 것이다. 선과 악, 천당과 지옥이라는 사후 세계에 대한 두려움과 걱정보다는 돈과 쾌락, 어떠한 정신적 구속으로부터도 자유로운 현실의 삶을 향유하길 원했던 조닌문화(町人文化)의 영향이 상당히 미쳤을 것이다.

나가사키 오우라천주당

4) 신흥종교

일본의 종교는 신도, 불교, 크리스트교와 더불어 신흥종교가 활발히 등장했다. 사회, 종교적인 환경 변화 속에서 새로운 종교적 논리와 높은 카리스마를 지닌 종교 지도자가 등장하면서 다양한 종파의 신흥종교가 번창했다. 신흥종교의 신자 수는 전체 인구의 비율로 볼 때는 아주 극소수에 불과하지만 종교에 몰입하는 정도는 다른 종교에 비해 높다는 특징이 있다.

① 천리교(天理教)

천리교는 19세기 중반에 나라현에서 생겨난 일본의 신흥종교이다. 일본의 신도(神道) 13개 교파 중의 하나라고 한다. 천리왕(天理王)을 생명과 환생을 주관하는 유일신으로, 나카야마 미키(中山美伎)를 교조이자 천리왕과 함께 신자들을 보살피는 신적 존재로 받들고 있다. 지금의 나라현 텐리시(天理市)에 있는 천리교 본부 자리를 종교적으로 매우 중요하게 여긴다. 텐리시란 지명도 천리교 본부가 있다는 뜻에서 붙었으며, 종교 도시를 형성하고 있다.

일본에서 제2차 세계대전 이전에는 교파신도(教派神道)로 법적 공인을 얻었지만, 패전 이후로는 신도와는 별개의 종교라는 입장을 취하고 있다. 하지만 지금도 의례나 교리 등에서는 신도의 요소가 두드러지며, 불교의 영향도 있다고 한다.

한국에서의 천리교는 일제 식민지인 조선인 의식과 종교를 일본화하려는 정책에 의해 신사 참배를 강요한 신도의 지파 중의 하나이다. 1930~40년대 일본의 식민지 문화정책에 의해 거의 모든 종교들이 탄압을 받아 교회가 해산되었는데도 천리교는 일본 정부의 지원에 힘입어 교세를 확장하게 된다.

천리교 본전

② 창가학회(創価学会)

일본의 승려 니치렌(日蓮)이 주창한 불법을 신앙의 근간으로 하는 종교단체로 1930에 창립된 신흥종교이다. 이 창가학회는 니치렌을 교주로 하여 후지산 대석사에 본산을 두어 내려오던 중, 마키구치 쓰네사부로(牧口常三郎)가 신도단체인 창가학회를 결성하여 니치렌 사상을 중심으로 한 정신개혁을 주창하였다.

창가학회는 처음엔 종교단체가 아니라 창가교육학회(創價敎育學會)라는 교육자들의 모임이었다. 창가(創價)란 가치를 창조한다는 뜻인데 가치 창조가 초등학교 교장이었던 초대 회장 마키구치 쓰네사부로가 가진 교육 철학이었다. 창가교육학회의 회원은 모두 각자 자신의 현장에서 마키구치의 창가 교육을 실험하고 검증하며 교육이론을 더욱 발전시켰다. 마키구치 쓰네사부로는 자신의 독창적인 교육이론을 자신의 제자인 도다 조세이(戸田城聖)와 함께 체계화했다.

창가학회는 3대 회장인 이케다 다이사쿠(池田大作)에 이르러 1천만 회원을 확보하면서 정치단체인 공명당(公明黨)까지 결성하여 대석사, 창가학회, 공명당 등이 연계된 삼자일체를 이루었다.

③ 옴진리교

옴진리교는 요가 수행자인 아사하라 쇼코(麻原彰晃)가 1984년에 창설한 옴신선회의 후신으로 종말론을 주창한 신흥종교이다. 당시 일본에서 널리 퍼진 오컬트 붐이나 세기말에 만연한 흉흉한 사회 분위기를 타고 급속도로 교세를 확장했다. 전성기에는 약 1만 명의 신도를 확보한 적이 있었다. 그리고 당시 공산주의 붕괴로 젊은이들이 아노미 상태였던 러시아에도 세력을 확장하여 교단을 만들었다고 한다.

이들이 벌인 대표적인 사건으로는 1989년의 사카모토 쓰쓰미(坂本堤) 일가족 살인 사건, 1994년 나가노현 마쓰모토시(松本市)에서 일어난 마쓰모토 사린 사건, 그리고 1995년 도쿄의 지하철 전동차에 사린가스를 살포해 13명의 사망자와 무려 6300명의 부상자를 냈던 도쿄 지하철 사린가스 살포 사건 등이 있다.

이 사건들이 계기가 되어 전격적인 수사가 이루어졌고 옴진리교의 충격적인 진실이 드러났다. 이들은 단순히 테러를 일으키는 것이 목적이 아니라, 최종적으로는 일본을 전복시켜 정부를 무너뜨리려는 음모를 꾸미고 있었던 것이 드러나 일본 사회에 큰 충격을 주었다.

④ 그 밖의 신흥종교

원시불교를 지향하면서 생겨난 「행복의 과학」, 공동생활을 통해서 성서를 배우는 「예수의 방주」, 법화신앙과 조상숭배 결합을 중심으로 생겨난 「레유카이(靈友會)」 등이 있다. 일반적으로 신흥종교는 사회가 어수선하고 혼란스러울 때, 전통문화가 외래문화에 위협을 받을 때 분열되고 혼란스러운 정신세계를 한 곳으로 안정시켜준다는 목적에서 생겨나는 경우가 많다. 천리교나 창가학회와 같이 교조를 통해 체계적인 시스템을 구축하고 샤먼적인 존재로 강력한 리더십을 발휘한다. 이들 종교는 현대 사회의 고독하고 무력해지는 일반 민중에게 정신적인 위안이 될 수 있는 리더십과 시스템이 작동하기 때문에 제도권 안에서 안정적인 위치를 확보하고 있다.

이에 대해서 1970년 이후에 난립한 새로운 신흥종교는 영적 능력과 주술을 중시하고 교조와의 강력한 연대를 통한 가족적인 관념에서 종교 활동을 한다는 특징이 있다. 옴진리교로 대표되는 새로운 신흥종교는 현대 물질문명 사회 속에서 강력한 카리스마를 발휘하는 교조의 비합리적인 영적 리더십을 통해 구원 받고자 하는 사람들은 계속 늘고 있는 추세이다.

〈독해〉 일본어로 읽는 일본문화(2)

① 神道で学ぶ日本の文化

現在、日本では神道は存在意義は薄れています。神社や仏閣に行ったときなど、正式なお参りの仕方を知らなかったりする日本人は若者だけではなく、大の大人でも知らないことは多々あります。むしろ、大人だからといっても、知らない人が多いのが実情だと思います。日本文化にもキリスト教と同じように、神様がいたり、神様が国を生み出した話があります。そこで、日本人に知ってほしい、知らないと恥ずかしい日本の神道文化を解説しておきたいと思います。

神道は、日本における宗教です。勘違いをされる方が多いですが、仏教とはまた違うものになります。お寺で仏様を祭っているのが仏教で、神社で神様を祀っているのが神道です。また、仏教は海外から伝わったものに対し、神道はまぎれもなく日本生まれの宗教です。それぞれ目的にも違いがあり、仏教は人々を現世や死後の世界において、飢餓や疫病から救うのに対し、神道は血縁やコミュニティ(村や同士)の中の個人間のつながりを深めるという意味合いがあります。

仏教と神道では信仰の対象が違うので、全くの別物と捉えたほうがいいでしょう。仏はもともとインドに伝わる文化で、日本では日本に合わせた形に変化していますが、神道は日本独自の文化なので、間違いなく海外の人からは違和感を覚える宗教だと思います。東京オリンピックに備え、ゲストから聞かれた時などに、答えは用意したほうがいいでしょう。

日本の神道には800万もの神様がいると言い伝えられています。これが俗に言う八百万の神です。神は万物に宿るとされていて、それぞれ金運、勉学、商売、その他様々な役割分担があります。もともとの起こりは、神様すら居ない世界で、突如として現れた絶対神、天御中主神(アメノミナカヌシノカミ)が最初の神と言われています。

(『終活ねっと』https://syukatsulabo.jp/article/400)

②「あなたの宗教は何ですか？」日本人の宗教観について

日本人が海外に出て返答に窮する質問のひとつに、「あなたの宗教は何ですか？」という質問が挙げられると思います。日本人の大半の方はそれほど宗教を意識することなく日々の生活をなさっているでしょうし、私の日本人の友人からも宗教に関して話題を振られたことはありません。もし振ってきたら、壺か印鑑でも売られるんじゃないかという危惧から皆、逃げ出すのではないでしょうか。しかし、アメリカではお互いの宗教に関して尋ねることはそれほど珍しいことではありません。この質問への回答を私なりに考えてみました。

私は日本の中流家庭で育ち、それほど宗教を意識することなく育ってきました。檀家制度での宗教は確か浄土真宗だったように記憶しております。一階の居間に神棚、二階の和室に仏壇があることをそれほど不思議に思わずに育ってまいりました。

私が初めて自分の宗教に関して尋ねられたのは、1996年のイギリスでのホームステイの時です。ホストマザーから私の宗教を尋ねられ、一応、「仏教」と答えておいたのですが、今ひとつ、しっくりこない回答だなと自分でも心に思っておりました。

なぜ、しっくりこないのか？というと、それは、私は子供の頃に神社の境内でも遊んだ経験があり、親に連れられ神社にお参りに行ったこともあったからです。お寺にお墓がある仏教徒といっても念仏読経写経座禅をしたことはほとんどありませんし、仏教の精神を尋ねられても回答はできませんでした。

かといって、キリスト教と縁がないわけでもなく、クリスマスはサンタクロースからプレゼントを貰える日でした。(ただ、我が家に来るサンタクロースはケチで、なぜかクリスマスという習慣はいつの間にか消滅いたしましたが…。)

加えて、私の父と姉は西洋音楽を専攻しておりました。西洋のクラシック音楽は非常にキリスト教と縁が深いものです。また音楽家にはユダヤ人もたくさんいます。

(『THE RYUGAKU』 https://theryugaku.jp/)

③ 新宗教の信者激減、10年後に消滅する教団も

日本の新宗教界に異変が起きている。天理教、立正佼成会など大手の信者数が軒並み激減しているのだ。その背景には何があるのか、宗教学者の島田裕巳氏が解説する。

創価学会の信者数は今のところ横ばいだが、他の新宗教に目を向けると信者数の減少に歯止めがかからず、もはや消滅の危機を迎えている。

文化庁「宗教年鑑」にその傾向ははっきり表れている。江戸末期に成立した天理教は1990年に約180万人いた信者数が2015年に約117万人と、25年間で3分の2に縮小している。

立正佼成会も同じ期間に約633万人から約283万人と半分以下にまで落ち込んでいる。注目すべきは、2014年から2015年の1年間だけで実に26万人減少していることだ。このペースで減り続けると約10年後には教団は消滅する計算になる。

この背景にあるのは先進国に共通する「宗教消滅の危機」と同じ理由による。1990年代以降にインターネットが普及し、人は何か悩みを抱えても、教会の門を叩くより、まずはネットで検索するようになった。日本人の多くは欧米では日曜日に教会に行くものと誤解しているが、ヨーロッパではミサに集まるのは高齢者ばかりで、その数も年々減っている。アメリカでさえ無宗教が増えている。

そうした社会ではすでに宗教的カリスマを必要としなくなり、心の拠り所は"ゆるキャラ"で充分ということになる。

日本の新宗教が信者を増やしたのは、高度成長期に地方から都会に出てきた人を取り込めたことにある。希薄になった人の繋がりを宗教に求めたからだ。しかし、現代の若者は何か困ればスマホがあり、人間関係はSNSで築く。それでは宗教の出る幕がない。

その意味では、創価学会も同じかもしれない。聖教新聞を配るバイトは敬遠され、日々の生活で経を読む勤行をあげれば報われるといった信仰心は薄れていく。しかし、前述したように、宗教を超えた日常を基盤とする組織を構築できたことが、他の新宗教にはない強みとなっている。

宗教の教団が軒並み消滅した後でも、その枠を超えた創価学会だけが、人的ネットワークの強みを発揮して生き残る可能性は高い。

(『NEWS ポストセブン』https://news-postseven.com/archives/20170201)

제3장 일본의 전통 예술과 문화

1. 일본의 전통 연극과 예능

1) 노(能)

노는 일본 전통의 가면무도극의 한 장르로 노와 교겐(狂言)을 총칭해서 메이지 시대(明治時代, 1868~1912) 이전에는 사루가쿠(猿楽)라고 했으며, 메이지 시대 이후에는 노가쿠(能楽)라고 했다. 신을 즐겁게 하는 공양물인 사루가쿠 속의 노래와 춤이 독자적으로 발전을 거듭하여 가마쿠라 시대(鎌倉時代, 1192~1333) 후반에 노의 원형이 생겨났다. 그리고 오늘날과 같은 양식으로 정착된 것은 무로마치 시대인 14세기이다. 14세기 중반 교토(京都)와 나라(奈良)에 신사와 절의 보호 아래 노의 직업극단이 결성되었다. 그들은 관람료를 받고 보여주는 간진노(勧進能)를 흥행시키면서 상업적으로 발달하기 시작했다. 당대 예능계의 일인자였던 간아미(観阿弥)는 민간예능으로 계승되어 온 사루가쿠를 바탕으로 더욱 세련되고 예술성 있는 가무극으로 발전시켰고, 그의 아들인 제아미(世阿弥)는 이를 더욱 발전시켜 오늘날과 같은 형식의 노를 완성하였다. 제아미는 배우인 동시에 작가, 연출가이자 노의 이론가로 노에 대한 연극이론을 정립하였다.

에도 시대(江戸時代, 1603~1867)에는 노가 도쿠가와 막부의 공식적인

노(能) 상연 모습

행사가 되었으며, 노는 한층 더 체계화되었다. 메이지 유신 이후에는 일부의 귀족계급의 지원으로 유지되었고, 제2차 세계대전 이후에는 열정적인 애호가들에 의해 지속되고 있다. 그리고 노를 상연하는 중간에 진행되는 교겐(狂言)은 진지한 노 공연 사이에 등장하는 구성으로 분위기를 전환해주는 역할을 하고 있다. 교겐은 대사 연극으로서 노와는 다르며, 두 사람 또는 두 사람 이상의 대립 · 갈등으로 전개해 나가는 희극적인 막간 연극이다.

2) 가부키(歌舞伎)

가부키는 에도 시대에 서민중심의 예능으로 시작하여 현재까지 이어져 오고 있다. 가부키는 「歌(음악)+舞(무용)+伎(연기)」를 나타내고 있어 한자를 통해서도 가부키의 구성을 대략 이해할 수 있다. 스토리가 중심인 현대 연극과는 달리, 음악과 무용을 중심으로 진행되는 무용극이다. 가부키는 이즈모타이샤(出雲大社)의 무녀인 오쿠니(阿国)가

가부키(歌舞伎) 상연 모습

1603년 교토에서 여성으로 구성된 집단을 데리고 춤을 추면서 촌극을 한 것에서 비롯되었다. 오쿠니의 여성 가부키의 매력은 연극에서의 관능적인 춤과 정사 장면이었다. 오쿠니의 공연이 화제가 되고 널리 알려지자 이를 모방하는 여성 중심의 극단들이 많이 생겼다. 그러나 기생을 겸한 이들 예술인들과 관객들이 종종 말썽을 일으키면서 에도 막부는 여성이 가부키 무대에 오르는 것을 금지하였다. 그 후부터는 젊은 남성인 와카슈(若衆) 가부키가 성공을 거두었는데, 여성 가부키와 마찬가지로 미소년의 배우가 여장을 했기 때문에 풍기문란을 조장한다고 하여 엄격히 금지시켰다.

18세기에는 인형극인 닌교조루리(人形浄瑠璃)의 히트 작품이 가부키의 중요한 레퍼토리가 되었다. 그리고 무대장치의 발달로 극에 새로운 재미가 더했으며, 무용과 음악, 연기 등도 함께 발전하여 가부키는 대중예술의 전성기를 누리게 된다. 메이지 유신 이후에는 이치카와

단주로(市川団十郎)와 오노에 기쿠고로(尾上菊五郎) 등의 배우들은 고전 가부키의 보호를 주장했으며, 가부키를 계승하여 차세대 배우 양성에 전념하였다. 현재도 도쿄의 가부키자(歌舞伎座)와 국립극장(国立劇場)에서 상연하고 있다. 에도 시대 최고의 대중오락으로 시작된 가부키는 400년에 이르는 긴 기간에 걸쳐서 시대와 함께 끊임없이 변화해 왔다.

3) 분라쿠(文楽)

분라쿠는 에도 시대에 교토와 오사카를 중심으로 서민들 사이에서 생겨난 전통 무대예술로 직업적인 인형극이며 세계 무형 문화유산으로 지정되어 있다. 18세기 말 닌교조루리(人形浄瑠璃)는 우에무라 분라쿠켄(植村文楽軒)에 의해 크게 부흥하였다. 제자들이 인형극 전용극장인 분라쿠자(文楽座)를 개설하였는데, 분라쿠는 이 극단의 명칭에서 유래한 것이다.

분라쿠는 손발이 없는 단순한 인형, 그리고 인형을 조정하는 구구쓰시(傀儡師), 노래하는 사람인 다유(太夫), 샤미센 연주 등의 네 가지 요소를 통해서 이루어진다. 복잡한 움직임이 가능하도록 여러 역할을 연기하는 인형은 세 명의 조종자가 공동으로 조작하게 된다. 인형을 조종하는 사람은 보통 검은 기모노를 입고, 보조하는 사람은 두건을 써서 관객들에게 보이지 않게 한다. 조종자는 분라쿠 세계의 상징적인 역할을 하는 사람이며, 때로는 에도 시대 무사의 화려한 예복 차림으로 등장하여 연극 전체의 시각적인 효과를 연출할 때도 있다. 그리고 다유는 혼자서 무대에 등장하는 모든 인형을 대신하여 남녀노소의 목소리는 물론 다양한 계층의 목소리를 낼 수 있어야 한다.

분라쿠(文楽) 상연 모습

메이지 시대 이후에는 서양 연극의 영향으로 일본의 독자적인 현대 연극이 자리를 잡으면서 분라쿠의 관심이 줄어들었고, 제2차 세계대전 이후 분라쿠는 점점 쇠퇴하기 시작했다. 정부의 분라쿠 존속을 위한 지원으로 도쿄의 국립극장, 오사카의 국립분라쿠극장이 설립되었으며, 전통문화에 대한 재평가가 이루어지고 있어 분라쿠의 인기는 점점 회복되고 있다.

4) 만자이(漫才)

만자이는 오사카 지방에서 독자적으로 발달한 일본의 전통예능이다. 두 명의 희극인이 대화를 주고받으면서 진행하는 해학적 무대 예술이다. 현대 일본에서 가장 대중적이고 인기가 높은 예능이고, 말로 웃기는 장르 중에서는 대세를 이루고 있는 예능방식이다. 현재 일본 방송에서 자주 보이는 콤비 개그맨들은 대부분 이 만자이 콤비를 뜻하는 것이다. 만자이를 펼치는 사람들을 만자이시(漫才師)라고 부르며,

다이쇼 시대(大正時代, 1912~1926)에는 만담이라고 하여 극장의 연사들이 주로 펼쳤다. 현대 만자이의 구성은 1932년에 만자이(漫才)라는 호칭을 처음 사용한 요시모토 흥업에 의해 정립되었다.

상대방에게 재치 넘치는 말로 응수하는 쪽을 쓰코미(突っ込み), 바보스럽고 진지한 분위기로 말하는 쪽을 보케(ボケ)라고 한다. 보통 보케와 쓰코미로 구성된 2인조가 필요하며, 간혹 3인 이상의 인원으로 펼치는 그룹 만자이도 있다. 2인조의 경우가 압도적으로 많고, 트리오의 경우는 보케가 2인, 쓰코미가 1인으로 구성된다.

5) 라쿠코(落語)

에도 시대에 생겨나 현재까지 계승되고 있는 해학적 독백 형식의 서민 예술이다. 일반적으로 음악 및 의상 등의 도구 대신에, 라쿠고카(落語家)라 불리는 사람이 부채를 들고 무대 위에 앉아, 청중들을 대상으로 이야기를 풀어가는 형식의 예술이다. 기모노 차림으로 등장하여 1인 다역으로 에피소드적인 이야기와 목소리, 얼굴 표정 등을 다양하게 변화시켜 여러 등장인물을 표현하면서 이야기를 풀어간다. 라쿠고는 1인 다역을 연출한다는 면에서 두 사람이 주고 받는 만자이와 다르다. 그리고 가부키나 노 등과는 달리, 의상 및 도구, 음악 효과 등을 되도록 사용하지 않고, 부채와 손수건을 사용하여 혼자서 몸짓이나 말을 통해서 특정한 이야기를 풀어내는 방식을 취한다. 유일한 반주 음악은 이야기의 장단을 맞추는 북과 샤미센, 대금으로 라쿠고카의 등장과 퇴장을 알린다.

기모노 차림의 라쿠고카는 무대 중앙으로 등장하여 수건과 부채를

라쿠고(落語) 공연 모습

들고 정좌하여, 끝날 때까지 계속해서 그 자리에 앉아 이야기를 전개한다. 끝마무리로 하는 독특한 우스갯소리인 오치(落ち)로 이야기를 마무리하며, 이러한 결말을 맺기 때문에 라쿠고(落語)라고 한다. 이에 대해 본 줄거리에 들어가기 전에 짤막하게 이야기하는 도입부를 마쿠라(枕)라고 한다. 라쿠고의 유파는 생겨난 지역 및 형태에 따라 간토 지방을 중심으로 하는 에도 라쿠고(江戸落語)와 오사카와 교토 지방을 중심으로 하는 가미가타 라쿠고(上方落語)로 크게 분류하고 있다. 에도 라쿠고는 부채 정도를 소도구로 이용하여 말 중심으로 이루어지는 것과 달리 가미가타 라쿠고는 책상 등의 소도구 등을 적절히 사용하기도 한다.

2. 일본의 전통 예술과 공예

1) 다도(茶道)

일본에 차가 들어온 시기는 나라 시대(奈良時代, 710~794)까지 거슬러 올라가지만 무로마치 시대 선종의 승려들이 정신수양과 약용으로 마신 것이 그 유래라고 할 수 있다. 다도는 일정한 작법(作法)에 의해 주인과 손님이 서로 마음을 주고받으면서 차를 마시는 전통 예술이다. 다도의 기본윤리는 주인은 손님에 대해, 손님은 주인에 대해 일생에 한 번밖에 만날 수 없다는 이치고이치에(一期一会) 정신에 입각해서 모든 정성을 다해 차를 대접하는 것이다. 맛차(抹茶)라는 분말 형태의 정제된 찻잎을 다기에 넣고 물을 부어 대나무 막대로 저어서 거품을 내서 마신다.

센노리큐(千利久)는 호사스러운 다실과 차 도구 등을 배제하고 소박하고 한적한 경지를 소중하게 생각하는 와비차(侘び茶)를 완성시켰다. 그는 조선의 투박한 다기가 와비차에 어울린다고 해서 임진왜란 때 일본으로 잡혀온 조선 도공들에게 다기를 만들게 하였다. 그는 다도를 하는 사람들이 갖추어야 할 기본정신으로 화(和, 주인과 손님은 서로 화합해야 한다), 경(敬, 주인과 손님은 서로 존중해야 한다), 청(淸, 욕심을 버리고 마음을 비우며 다실과 차 도구를 청결하게 다루어야 한다), 적(寂, 다실에서는 정숙하며 주위에 동요되지 말고 마음이 고요해야 한다)을 강조했다.

다도의 예법을 행하는 공간인 다실(茶室), 다실로 통하는 정원 안의 통로인 로지(露地), 손님에게 대접하는 가이세키요리(懐石料理), 다도구(茶道具) 등의 준비에도 손님을 맞이하게 되는 주인의 세심한 배려

다도의 예법을 행하는 다실

가 필요하다. 차를 마실 때는 먼저 두 손을 모으고 예의를 표하여, 차를 대접해준 주인에 대한 감사의 뜻을 나타낸다. 그리고 오른손으로 찻잔을 들어서 왼손의 손바닥에 얹은 다음 시계 방향으로 두 번 정도 돌린 후에 세 번 정도로 나누어 마신다. 단순히 차를 마시는 일상 행위가 형식미를 통해서 예술적으로 승화시켜진 점이 일본 다도의 특색이라고 할 수 있을 것이다.

2) 서도(書道)

일본의 서도는 한자와 가나를 붓으로 써나감으로써 정신수양의 깊이와 아름다움을 나타내는 조형 예술이다. 서예는 붓으로 글씨를 쓰는 하나의 예술이다. 한국에서는 서예(書芸)라고 하지만, 중국에서는 서법(書法), 일본에서는 서도(書道)라고 한다. 이를 통해서 한국에서는 예술에 초점을 두고 있고, 중국에서는 글씨 쓰는 필법에, 일본은 도를 닦는다는 것에 주안점을 두고 있다고도 볼 수 있을 것이다. 특히, 일본의 가나는 한자 부수의 일부나 초서체를 활용한 문자이기 때문에 서도를 하는데 있어서 한자와 가나의 조화를 이룰 수 있는 특색을 갖고 있다.

일본에서는 붓펜을 사용하는 경우가 많은데, 일본의 서도 문화에 기인한다. 일본인들은 어린 시절부터 서도를 접하며 성장한다. 초등학교에서 중, 고등학교에 이르기까지 서예 교과목이 교육과정에 포함되어 있으며, 서도 활동이 일상생활 속에 자리 잡고 있다. 정월 초에 보내는 연하장이나 경사스러운 날에 보내는 글의 문구를 붓으로 쓰는 가키조메(書き初め)는 오늘날에도 일본인들 사이에서 계속 쓰이고 있다.

서도

3) 이케바나(生け花)

이케바나(生け花)는 일본의 전통 예술로 꽃과 나뭇잎, 나뭇가지 등의 재료를 그릇에 꽂는 꽃꽂이를 말한다. 꽃을 재배하고 장식하는 기술의 발달과 더불어 이케바나는 사람의 정신 수양에도 중요하다는 측면에서 화도(華道)라고도 불린다. 초기의 꽃꽂이는 자연 상태의 소재를 사용하여 자연의 모습을 연출하는 것을 중시했는데, 자연의 소재를 사용하면서도 이념적인 의미를 부여하는 것으로 바뀌어가고 있다. 이케바나는 나뭇가지를 통해 천(天), 지(地), 인(人)의 세 가지 이념을 연출하여 대자연의 모습을 표현하고자 하는 것이다.

제2차 세계대전 이후에는 이러한 전통적인 기법에서 생명이 없는 금속이나 석고 등을 소재로 활용해 생명감을 부여하여 살아있는 모습으로 표현하고자 하는 전위 예술로서의 이케바나가 등장했다. 현재 일본의 이케바나 유파는 3천개 정도에 이르는데, 세습제인 이에모토 제도(家元制度)로 이어가고 있다.

이케바나

4) 우키요에(浮世絵)

우키요에(浮世絵)는 에도 시대 조닌(町人) 사회의 서민적 생활상을 그린 회화이며, 그 당시 사람들에게 오락의 연장선상에 있었다. 우키요에는 에도 시대의 풍속을 그린 그림으로 대량 생산되면서 대중들에게 많이 알려지게 되었다. 자연풍경이 우키요에의 소재로 등장한 것은 서민 생활에 여유가 있었기 때문이며, 이것은 당시의 그림엽서에 해당하는 역할을 했다. 우키요에를 통해서 민간의 호색과 욕정을 표현했으며, 통속적이고 관능적 묘사를 비롯하여 인간의 생활 모습까지 다양한 것에서 우키요에의 소재를 찾고 있다.

1868년 메이지 유신 이후 일본은 근대화가 시작되고 서구문물이 대량으로 들어왔다. 미술계도 서양화가 대세를 형성해가고 있어 판화는 회화보다 낮게 평가되었다. 일본에서는 유키요에가 서구의 근대 문명의 물결에 떠밀려 쇠퇴의 길을 걷고 있었는데, 유럽에서는 프랑

우키요에

스 파리를 중심으로 일본 붐이 일어났다. 19세기 말에서 20세기 초에 걸쳐 유럽에서 일어난 일본 미술 붐이 일어났는데, 이러한 붐의 중심에 우키요에가 있었다. 당시 유럽에서는 만국박람회가 자주 개최되었는데, 에도 막부가 처음으로 참가한 1867년의 파리 만국박람회에서는 일본 문화가 대대적으로 소개되어 일본 붐의 열기에 박차를 가했다. 그 후 파리의 거리에는 일본 미술을 전문적으로 취급하는 미술상이 생겼다.

일본 미술품 중에서도 복제 미술품인 우키요에는 서양인도 비교적 쉽게 진품을 수집할 수 있어서 유럽에 많은 우키요에 수집가들을 낳았다. 그 중에는 모네와 고흐로 대표되는 서양의 후기 인상파 화가들에게 큰 영향을 미쳤다.

5) 칠기(漆器)

헤이안 시대(平安時代, 794~1185)에 장식을 입힌 칠기가 등장했다. 칠기에 문양을 그리는 방법에는 여러 가지가 있다. 금이나 은 등의 금속 가루를 사용하여 무늬를 만드는 마키에(蒔絵) 기법이나 안료를 섞어

칠기

조합한 칠인 이로우루시(色漆)로 모양을 그리는 우루시에(漆絵) 기법, 목조 위에 붉은 칠이나 녹색 칠을 바른 가마쿠라보리(鎌倉彫) 기법, 조개껍질을 박아 칠기를 장식하는 라덴(螺鈿) 기법, 금속판을 박아 넣거나 붙인 효몬(平文) 기법 등의 뛰어난 공예 기술이 탄생하여 지금까지 전승되고 있다. 옻은 도료(塗料)인 동시에 접착제이다. 예를 들어, 마키에 기법은 옻이 마르기 전에 그 밑그림에 따라 금가루나 은가루를 뿌려 접착시킨 후, 그것이 약간 북돋아 오를 정도까지만 연마하는 기술이다. 마키에 기법으로 만든 칠기는 고급 전통 공예품으로, 예전에는 귀족들의 일용품으로 사용되었다.

서민에게 보급되어 일식 와쇼쿠(和食)의 형식을 만들어 낸 특별한 칠기가 만들어지는 한편, 칠기는 서민들이 사용하는 식기로서도 보급되었다. 칠기가 널리 보급된 것은 가마쿠라 시대 이후로, 칠기는 일본인의 표준 식기 중의 하나로 자리 잡았다. 칠기의 보급은 밥상을 한 사람씩 차려 주는 습관인 메이메이젠(銘銘膳)이나 한 가지 국물과 세 가지 반찬의 식사 형식인 일즙삼채(一汁三菜)라는 지금의 일식 와쇼쿠 스타일을 정립시키는 계기가 되었다. 수목과 목재가 풍부한 풍토를 가진 일본에서 탄생한 칠기는, 그릇과 젓가락으로 식사를 하는 음식문화의 영향으로 보급되어 왔다. 일본을 대표하는 공예품으로서, 현대의 일본에서도 밥 그릇, 국 그릇, 접시뿐 아니라 젓가락에도 칠기가 이용되고 있다.

3. 일본의 전통 스포츠

1) 스모(相撲)

고대 스모는 신사의 경내에서 행하던 신성한 의식으로 지금도 일본 각지에서 스모가 행해지고 있다. 오늘날의 스모에도 그 상징적이고 신도 관련의 의례적인 요소가 들어 있다. 스모 경기는 단판승으로 행해지며, 시름판에 해당하는 도효(土俵)에 발바닥 이외의 신체 부위가 닿거나 도효의 밖으로 나가게 되면 승부가 결정이 나는 단순한 경기 방식으로 이루어진다.

스모는 현재 일본의 국기(国技)이며 일본 스모협회 주최로 혼바쇼(本場所)라는 정규 대회가 열리는 일본의 전통 스포츠이다. 스모의 정규 대회는 1월에 하쓰바쇼(初場所)를 시작으로 3월에 하루바쇼(春場所), 5월에 나쓰바쇼(夏場所), 7월에 나고야바쇼(名古屋場所), 9월에 아키바쇼(秋場所), 11월에 규슈바쇼(九州場所)를 개최한다. 각 대회 때마다 15일간 열리며 승리한 횟수로 우승자를 결정한다. 동점의 경우에는 우승 결정전이 치러진다.

오전에는 낮은 레벨의 선수들이 먼저 경기를 하고 오후 시간으로 높은 수준의 선수들이 등장한다. 오후 4시 이후에는 상위권인 마쿠우치(幕内) 경기가 시작된다. 경기가 시작되기 전에 동과 서로 나뉘어 경기가 진행될 마쿠우치 선수들이 게쇼마와시(化粧回し, 앞치마와 같이 생긴 마와시)를 두르고 도효이리(土俵入り, 도효 입장)라는 의식을 거행한다. 그리고 뒤이어 최고 지위 선수인 요코즈나(横綱)의 도효이리가 끝나면 마쿠우치의 대전이 시작된다.

대전표는 15일의 경기 기간 동안에 첫째 날과 둘째 날만 미리 공개하고, 나머지 대진표는 흥미를 유발하기 위해 경기 상황을 살펴서 하루 전날에 발표하게 된다. 스모는 선수들의 연령이나 신장, 체중에 관계없이 진행되기 때문에 작은 체구의 선수가 기술을 걸어 거구의 상대 선수를 제압하는 것은 스모의 최대 묘미이기도 하다.

대회가 개최되기 전날 스모 선수들이 도효 위에서 부상을 입지 않고 순조롭게 경기를 치를 수 있도록 기원하며 신에게 제사를 지내는 의식이 있는데, 이것을 도효마쓰리(土俵祭り)라고 한다. 도효는 신성한 공간이기 때문에 여성이 오르면 부정이 탄다고 하여 여성이 오르는 것을 금기시하고 있다.

〈표〉 혼바쇼의 정규대회 일정표

개최시기	대회명	개최지
1월	하쓰바쇼(初場所)	도쿄
3월	하루바쇼(春場所)	오사카
5월	나쓰바쇼(夏場所)	도쿄
7월	나고야바쇼(名古屋場所)	나고야
9월	아키바쇼(秋場所)	도쿄
11월	규슈바쇼(九州場所)	후쿠오카

스모대회 장면

2) 검도(剣道)

일본의 전통 무도의 하나이며 남녀노소 모두 가능한 운동으로, 정해진 보호 장비를 갖추고 죽도(竹刀)로 특정 부위를 찌르거나 쳐서 승패를 겨루는 무술이다. 가마쿠라 시대에 무사계급이 출현하면서 검도 기술이 보급되고 무로마치 시대(室町時代, 1338~1573)에는 비법을 전수하는 유파도 등장하게 되었다. 에도 시대에 들어서는 유학(儒學)과 선사상(禪思想)을 흡수하여 검도 수련을 통해서 정신을 수양하는 의미를 가지게 되었다. 메이지 유신 이후 1876년 금도령(禁刀令)이 내려져 무사들은 직업을 잃게 되었고 검술의 정체성도 상실할 위기에 몰렸다.

그러나 사카키바라 겐키치(榊原健吉) 등의 재건 노력으로 대중적 관심을 되찾게 되었다. 검도는 기술을 익혀 상대를 이기는 것도 중요하지만 정신을 수양하고 예절을 갖추는 일이 중요한 의미를 가진다.

검도대회 장면

3) 유도(柔道)

일본의 전국시대(戰國時代, 1576~1600)에 전쟁터에서 적과 겨루는 전투 기술로 발달하여 독자적인 기술을 개발한 사람들의 각기 유파를 형성하면서 발전하였다. 1882년 가노 지고로(嘉納治五郎)가 각 유파의 장점을 정리하고 수정을 거듭하여 고도캉(講道館) 유도를 시작하게 되었다. 이것이 현대 유도의 시작이며, 체육(體育) · 승부(勝負) · 수신(修身)을 동시에 달성할 수 있는 인간 형성을 목적으로 하고 있어 메이지 시대부터는 학교 교육에 도입하게 되었다.

유도는 상대방을 타격하지 않고 맨손과 맨발을 이용하여 상대방을 넘어뜨리거나 던지는 메치기 기술을 이용해서, 혹은 상대방의 상반신을 눌러 움직이지 못하게 하는 기술인 누르기, 목을 졸라 고통을 주는 기술인 조르기, 그리고 관절을 꺾어 고통을 주는 기술인 꺾기와 같은 굳히기 기술을 이용해서 제압하는 무술이다.

유도대회 장면

4) 가라테(空手道)

가라테는 무기를 갖지 않고 팔과 다리로 차거나 찌르거나 공격을 막으면서 싸우는 대표적인 일본 무술이다. 공격 수단은 두 손(특히 손가락 관절과 바깥쪽 손날)과 복사뼈·발뒤꿈치·팔뚝·무릎·팔꿈치 등이다. 헝겊으로 감싼 단단한 물체나 나무를 때리는 훈련을 거듭하면 이런 부위가 단단해진다. 훈련받은 사람은 두꺼운 송판도 맨손이나 맨발로 부술 수 있다. 그러나 시간 조절과 기술 및 정신력도 신체단련만큼 중요시된다.

가라테 경기에서는 실제로 가격하거나 차지 말고, 상대방의 몸에 닿기 직전에 공격을 멈추는 것을 바람직하게 여긴다. 경기는 대개 3분으로 끝나며, 심판이 판단하기에 깨끗한 결정타로 득점한 선수가 없을 때는 판정으로 승부를 결정한다.

가라테 경기 장면

〈독해〉 일본어로 읽는 일본문화(3)

① 初心者でも大丈夫！「歌舞伎座」ではじめての歌舞伎を体験

日本の伝統芸能の代表格「歌舞伎」。一度は観てみたいと思いながらも、ハードルが高くてなかなか足を運べない方もいらっしゃると思います。そこで、これまで歌舞伎を観たことがなかったビギナーの方も気軽に行けて満足できる、観劇ポイントや楽しみ方をご紹介。芝居見物の前後に楽しめる観光スポットも併せてご案内します！

江戸時代に発展し、完成された日本の伝統芸能・歌舞伎。その発祥は400年以上前にも溯り、俳優の演技をはじめ絢爛豪華な和の様式美で人々を魅了します。公演は、一年を通じ全国各所の劇場で行われていますが、なかでも最も華やかな舞台として知られているのが、東京・銀座にある歌舞伎興行の専門劇場「歌舞伎座」です。

明治22(1889)年にオープンして以来、多くの歌舞伎ファンを魅了しつづけるこの劇場は何度も建て直され、現在は2013年4月に開場した5代目。4代目の建物の趣と風格を踏襲しながらも傍らに近代的な高層ビルを配し、堂々と銀座の街に威光を放っているのです。

食事処や売店なども備えた歌舞伎座は、楽しさに胸が躍り、熱い感動がわきおこるワンダーランド。ここ歌舞伎座でこそ叶う非日常の体験が待っています。歌舞伎座で上演される演目は月毎に入れ替わります。映画やドラマに様々なジャンルがあるように、歌舞伎の演目も実に多彩。 大まかには、ストーリー仕立ての「歌舞伎狂言」と義太夫・常磐津・清元・長唄などによって踊る演目「歌舞伎舞踊」に分けられます。

さらに、歌舞伎狂言には、江戸時代より前の時代を扱った演目「時代物」、江戸時代の庶民階層を扱ったドラマ「世話物」などがあり、市川團十郎家のお家芸である「歌舞伎十八番」などがあります。

また初心者には、現代の脚本家や演出家がつくる新作歌舞伎もおすすめです。最近では漫画原作やインドの叙事詩なども歌舞伎となり、大勢の観客の喝采を集めています。

歌舞伎舞台のすべてに息づくのが、数百年にわたる独特の様式美です。絢爛豪華な色彩に目も心も躍る舞台上で繰り広げられるのが、四季折々の情景や風俗、時代を越えても変わらない人と人との愛憎や情、善と悪、営みなどがドラマとなり、観客を感動の渦へと誘います。ここでは見物に赴く前に知っておきたい、歌舞伎の用語やお約束を少々お伝えします。

歌舞伎座のチケットは、格安な席から、一世一代の贅沢気分を満喫できる席まで多種多様な席が用意されています。チケットは、劇場窓口の切符売場ほかインターネットで購入できる「チケットWeb松竹」(モバイル版もあり)や電話で申し込みできる「チケットホン松竹」もあり、前売り開始日より購入可能です。当日の開演直前でも残席がある場合なら、どの席のチケットでも一幕見席の切符売場で取扱っています。

(『旅ぐるたび』https://gurutabi.gnavi.co.jp/a/a_1921/)

② 生け花の歴史について知っておこう

生け花の始まりは今から700年以上も昔の室町時代頃だといわれています。当時、武士の家には書院造りという今の日本家屋の原型となった建築様式がありました。そこの床の間に飾っていたのが「たて花」という生け花のもととなったものだったのです。美しい花たちは掛け軸や香炉などと共に床の間を飾る美術品の一つとして考えられていたのです。

時代が流れていき、江戸時代頃になると、たて花から立花へと変わります。この立花とは大広間がある武士階級の家に飾られていた豪華で大型の生け花のことをいいます。さらに今から300年ほど前になると町人の家にも床の間ができるようになり、自由度が高く日常的に飾れるような投げ入れ花が流行るようになりました。それをもとにしてできたのが生花です。

歴史の深い生け花ですが、明治時代頃になると京都の女学校に華道教授が就任し、女性が華道を楽しめるように教育として力を注がれるようになりました。その結果、現代ではどちらかといえば男性よりも女性のほうが生け花をしている方が多くなっています。後には華道の教科書シリーズも発刊されるようになっていき、習いやすく教えやすい花形として正風体が収録されるようになったのです。

日本の歴史が大きく動いた時も常に華道は活発に行われていました。第二次世界大戦が終結した後、華道はすぐに活動が再開されました。京都と大阪で花展が開かれていたのです。短期大学に専門の学科ができたり、アメリカのサンフランシスコに事務所が開かれるなど活動も本格化します。自然崇拝の気持ちから生まれたともいわれる華道は歴史の中でいろんな変化を遂げながらも現代では我々にその姿で季節を感じさせてくれます。

(『asoview! TRIP』https://asoview-trip.com/article/655/)

③ 相撲、日本の伝統的スポーツで拡大する性差別問題

日本相撲協会は最近、意識を失って倒れた男性を助けようと土俵に入った女性に土俵から出るよう求めたことを含む、一連の不祥事に直面していた。女性は伝統的に「不浄」と信じられ、土俵に入ることを認められてこなかった。

日本相撲協会の高野利雄・危機管理委員長は女人禁制について「いろいろと難しい問題」だとして、もっと時間が必要だと述べた。今年4月、京都府舞鶴市の多々見良三市長が、「土俵」として知られる相撲の舞台で挨拶中に気を失って倒れた。複数の女性が市長を助けるために駆けつけたが、行司から土俵を出るよう要求された。

現地報道によると、女性たちが土俵を下りた後、土俵に塩がまかれるのを複数の目撃者が見たという。塩をまくのは土俵を清めるため取組前に行われる習慣だ。日本相撲協会は行司の行動について世界的に非難を受け、八角信芳理事長は「不適切な対応」を謝罪した。しかし、数日も経たないうちに、相撲協会は別の女性市長の土俵入りを拒否したとして新たな批判にさらされた。

兵庫県宝塚市の中川智子市長は、同市で開催された興行の前に土俵の上で挨拶できないか尋ねたものの、「伝統を尊重してほしい」と答えられたと報じられた。

報道によると中川智子市長は、土俵脇での挨拶で「女性市長も人間だ」「女性という理由で、土俵の上でできないのは悔しく、つらい」と述べたという。

協会はまた、安全上の懸念を理由に、今年の春季巡業で力士と土俵上でぶつかるちびっこ相撲に女性が参加できないよう定めた。ここ数年は少女も参加が可能だった。相撲の起源は1000年以上前にさ

かのぼり、古代からの伝統が今日まで多く維持されている。

英字紙ジャパンタイムズでコメンテーター兼コラムニストを務めていたマーク・バクトン氏は、相撲は日本の宗教である神道と結びつきがあると語る。バクトン氏はBBCに対し、「日本では相撲は単なるスポーツとは考えられてこなかった。それよりずっと深く日本人の心理に根付いている」と語った。伝統的には、取組の前には土俵の真ん中に穴が作られた。穴には神道の神主によって勝栗、スルメ、昆布、酒などが入れられた。神霊への捧げものが中に収められ、穴は閉じられる。そして、邪気を払うため、力士がしこを踏み拍手を打つ儀式をする。「土俵は神道の神聖な場所と考えられてきた」とバクトン氏は説明した。

(『BBC』https://www.bbc.com/japanese/features-and-analysis)

④ 空手を始めたい方へ

日本的運動文化としての空手道の特性、魅力は多々ありますが、その中のひとつに伝統の「型」があります。

日本人は「型」という独自の優れた伝承、習得方法によって「心」と「技」を継承してきました。空手道の「型」は一人で演ずるものであり、各個人の体力や能力、年齢、性別、先天的な資質に関係なく、誰もが今持っている能力、体力に合わせ自分のペースで稽古することができます。これは、他の武道にはない空手道の大きな特徴の一つです。

「型」を稽古することにより、心身の調和を図り、身体を前後、左右、上下とほぼ均等に動かします。しかも平常の動きではあまり使われることのない、筋肉をも十分に活用するため、幼少期の子供たちには理想的な全身運動となり、バランスの取れた身体の発育を促します。また、この「型」を正しく理解し、真剣に稽古することで、集中力を養うことができるのです。

最近では、青少年とともに中高年の入会者が増えています。中高年の場合は身体に過度な負担をかけないよう、呼吸と姿勢を意識してゆっくりと動きます。ゆっくり深く腹式呼吸をくり返すことで、横隔膜が弛緩伸展し、それによって生じる筋紡錘からの信号が視床下部へと伝えられ、脳内ホルモン、Bエンドルフィンやセトロニンの働きにより、心地良くリラックスした状態を作ります。また、酸素摂取量も多くなり、効率よく新鮮な酸素を体内に取り込むことにより、免疫力も高くなり健康維持へとつながるのです。

このように、日本的伝統の中で育まれてきた空手道教育は、技の練磨を通して心を磨きます。身体を鍛えるとともに礼節や伝統を尊重する態度を養うことを通して、礼節、勇気、忍耐力、内省、克己、利他、協調性、思いやりなどの社会的能力や高い徳性を養う豊かな人間教育に効果的であると確信しています。

現在、公益社団法人日本空手協会は、全国に支部道場、実業団、大学、高校、中学校、スポーツクラブなど約1000支部団体を有しています。

そして、すべての支部団体では日本空手協会公認の指導員資格者によって、皆様の目的、年齢、体力、性別、且つ成長過程応じ無理のないきめ細やかな指導がなされており、あらゆる方々に満足して頂くよう日々努力、研鑽しております。

(『公益社団法人日本空手協会』https://www.jka.or.jp/beginner/)

제4장 일본의 천황제

1. 천황제의 역사적 변화

1) 고대의 천황제

『니혼쇼키(日本書紀)』와 『고지키(古事記)』에는 기원전 7세기 진무천황(神武天皇) 때부터 일본의 천황제가 시작된 것으로 기록되어 있다. 그러나 기록에 등장하는 천황의 계보에서 최초의 실존 천황은 스이코천황(推古天皇)이다.

그러나 실제 재위 기간 동안 천황으로 호칭된 최초의 천황은 덴무천황(天武天皇)이다. 덴무천황은 한반도로부터 백제와 고구려의 수많은 사람이 유입되어 사회적으로 혼란한 시기에 천황 및 귀족 세력 간의 지배권 다툼을 제압한 천황이다. 그는 전국적으로 통합된 율령 국가체제를 완성하였다.

덴무천황은 스스로를 아키쓰미카미(現御神) 즉, 신과 같은 존재로 신격화시켰다. 또한 이세신궁(伊勢神宮)을 받들게 하여, 이후 이세신궁은 천황가의 가문 신 즉, 우지가미(氏神)인 아마테라스 오미카미(天照大御神)를 섬기는 신사(神社)가 되었다. 여기에 율령체제에서 스스로를 천황이라 규정했고, 황후와 황태자도 확립하여 제도화했다.

또한 덴무천황은 천황의 절대적 권한과 일본의 건국을 정당화하기

위해 국사 편찬을 지시했다. 이로써 712년 천황가의 역사서인 『고지키(古事記)』가 완성되었고, 720년에는 중국 사서의 영향을 받아 일본 최초로 국가에 의한 정식 역사서인 『니혼쇼키(日本書紀)』가 완성되었다. 『고지키』와 『니혼쇼키』에서는 태양신(日神, ひのかみ)의 자손인 천황가가 대대로 일본을 통치해왔다고 기술하고 있으며, 태양신으로서 아마테라스 오미카미를 명시하였다. 이와 같이 7세기 덴무천황에 이르면 천황의 신격화가 개시되고, 그에 이어 8세기 초에 『니혼쇼키』와 『고지키』가 편찬됨으로써 천황가의 정통성을 강조하게 된다. 천황에 대한 호칭과 다른 개념들도 율령제의 제정과 함께 명문화되어, 이후 천황제의 기반이 된다.

나라 시대(奈良時代, 710~794)에, 율령제가 점점 무너지고 재해가 잇따라 간무천황(桓武天皇)이 수도를 나라 헤이조쿄(平城京)에서 나가오카쿄(長岡京)를 거쳐 지금의 교토인 헤이안쿄(平安京)로 옮김으로써 헤이안 시대가 개막된다. 헤이안 시대(平安時代, 794~1185)는 왕조 시대라고도 부르는데, 이 당시까지는 일본 역시 다른 나라와 마찬가지로 천황이 직접 실권을 잡고 정치를 행하던 시대로 볼 수 있다.

덴무천황의 뒤를 이은 지토천황(持統天皇)부터는 천황으로서 정식 즉위했다. 그러나 천황이라는 명칭이 그 이후 일관되게 사용된 것은 아니다. 천황이라는 명칭 이외에 중국풍인 천자(天子), 황제(皇帝)라는 명칭이 사용되기도 했다.

천황의 명칭이 외교문서에까지 통일되어 쓰이기 시작한 시기는 1946년에 이르러서부터이다. 절대 권력이 인정되었던 천황제는 9세기 헤이안 시대 이후 그 지위가 약화되고 불안정해졌다. 중앙에는 귀족 세력들이 득세했고 지방에는 독립적인 정치권력을 행사하는 무사

계층이 등장했다. 이 시기에는 역사상 두 명의 천황이 동시에 대립, 존재하기도 했고 방계천황이나 여자천황도 적지 않았다. 천황의 계승도 황족 또는 귀족 간의 세력 관계에 따라 천황이 중간에 교체되기도 했으며 섭정이나 무사 권력에 의해 천황이 폐위되기도 했다.

천황은 고대부터 세습적으로 이어져 온 일본의 군주이며, 7세기 말엽 공식적인 명칭으로 제도화되었다. 가마쿠라(鎌倉) 막부 등장 이전 천황은 아마테라스 오미카미의 자손으로 제사장으로서의 성격이 강했다.

2) 중세, 근세의 천황제

헤이안 시대가 끝나고 가마쿠라 막부가 성립됨으로써 중세가 시작된다. 천황은 막부의 성립으로 인해 서일본 지역만을 지배하게 되었고, 그조차 막부의 간섭을 받게 된다. 막부는 서일본의 무사들까지 동원하여 서일본 지역까지 지배권을 확대하여 점점 천황의 힘은 약해져 갔다.

무로마치 시대에 막강했던 장군의 지배력이 약화되고 전국의 군웅들이 할거한 전국시대(安土桃山時代, 1574~1600)에는 천황의 권위는 더욱 상실되었다. 전국을 통합한 오다 노부나가(織田信長)와 도요토미 히데요시(豊臣秀吉)는 지배를 정당화하기 위해 천황의 권위를 이용했다. 그러나 임진왜란 등 무리한 원정과 내부 분열로 인해 도쿠가와 이에야스(德川家康)가 간토(関東)의 에도(江戸)에 막부를 열고, 도요토미 가문을 멸망시킴으로써 에도 시대가 열린다. 이 시기를 일본에서는 근세라고 보는데, 천황제에 있어서는 암흑기라고 볼 수 있다. 에도 시대(江戸時代, 1603~1867)의 천황은 막부의 엄격한 통제하에서 전통적 권위는 인정받았지만 정치적 권한은 일체 인정되지 않았다. 천황으로부터 막부의 장군이 정이대장군으로서 승인되는 형식은 계속되었지만, 아무런 정치적인 구속력이 없는 관례에 불과했다.

에도 막부 때의 실질적인 군주는 막부의 장군이었다고 할 수 있다. 에도 시대는 기본적으로 각 번(藩)마다 봉건 영주인 다이묘(大名)에 의한 독자적 지배 체제가 운영된 시기였다. 따라서 천황이 거주하고 있던 긴키 지역을 제외한 일본 각지의 일본인들에게 천황의 존재는 거의 미지의 존재였다.

민중에 있어서는 천황은 단순한 지방 영주보다 조금 다른 정도로 여겨졌으며, 그 존재조차 모르는 이들이 대다수였다. 그러나 막부 후기에 들면 이세 신궁 참배 열풍이 불고, 막부 정치에 불만을 품은 이들에 의해 다시금 그 존재가 부각되기도 한다. 그리고 얼마 후, 미국의 페리가 이끄는 구로후네(黑船)가 나타나 개항이 이루어지고, 그 과정에서 나타난 막부의 무능을 깨달은 사쓰마(薩摩), 조슈(長州), 도사(土佐) 등 웅번(雄蕃)의 신진 무사 세력에 의해 막부가 타도되고, 메이지(明治) 신정부가 수립됨으로써 에도 시대는 막을 내린다.

12세기 말 가마쿠라 막부 등장 후 일본정치는 정신적 군주인 천황을 중심으로 한 조정과 세속적 군주인 쇼군을 중심으로 한 막부라는 이중적 권력구조 체제가 되었다. 이중적인 권력구조 하에서 정치적 책임 소재여부가 불분명하기 때문에 천황은 정치책임론에서 상대적으로 자유로웠다. 일본은 상징권력과 실질권력의 이중적인 권력구조로 일본 정치는 실질권력이 바뀌더라도 상징권력은 유지될 수 있었다.

에도 시대의 천황은 쇼군에 의해 권위가 유지되는 소극적 권위에 지나지 않았다. 그러나 막부 말기에 들어서는 천황은 일본의 국가통합의 중심축으로 부상하게 된다. 서양제국의 압박에서 막부에 대한 불만이 새로운 정치적 중심축을 필요로 하게 되고, 일본의 정신적 권위인 천황을 중심으로 중앙집권적인 근대국가 체제 구축이라는 새로운 정치적 실험이 추진되었는데 이것이 메이지 유신이다.

3) 근대의 천황제

메이지 유신에 의해 에도 막부가 타도되고 근대적인 국가 체제가 성립되었다. 메이지 유신을 주도한 신진 무사 계층은 에도 막부 타도의 명분으로 천황의 왕정복고(王政復古)를 내세웠다. 1868년 메이지 신정부를 건립한 메이지천황(明治天皇)은 교토(京都)에서 도쿄(東京)로 거처를 옮겼다. 메이지천황은 왕정복고를 선언했다.

메이지 신정부를 수립한 세력은 신진 무사 세력이었다. 이들은 존황도막(尊皇倒幕)을 기치로 내걸고 천황을 중심으로 하는 근대적 신정부를 세우고 막부를 타도하였다. 그로써 정권이 반환되는 대정봉환(大政奉還)이 이루어지고, 거의 700여년 만에 왕정복고가 이루어졌다. 새로운 정부의 중심은 메이지천황으로서, 중심 세력은 새로운 국가의 원수이자 중심인물로 천황을 내세웠다. 천황은 유일, 절대의 주권자로서 국가 통치의 대권을 장악하였고 모든 도덕 및 가치의 근원으로서 존재하였다.

메이지 정부의 주도 세력들은 일본을 근대 국가 체제로 개혁한 뒤 근대화와 산업화를 추진하여 일본의 부국강병을 실현하려 하였다. 이를 위해서는 강력한 중앙집권적인 국가 체제와 국민 통합이 필요했다. 이 과정에서 일본 근대 국가 통합의 이데올로기로서 천황제를 도입할 필요성이 있었다.

메이지 정부는 『고지키』와 『니혼쇼키』에 전해지는 신화를 근거로 천황을 신격화하고 천황에게 절대 권력을 부여해 신성불가침한 통치자로서의 천황의 이미지를 일반 대중에게 침투시켜 나갔다. 천황가는 일본 민족의 조상이며 일본 개국 이후 신의 자손으로서 일본 열도와 일본 민족을 지배해 왔다는 조작된 신화를 교육시켜 나갔다.

이를 위해 1868년 메이지 정부는 에도 막부 시대 이후 불교의 영향 속에 있었던 신도(神道)를 분리, 독립시키고 신도에 의한 국민 교화와 천황의 신격화를 본격적으로 전개해 나갔다. 또한 1889년에는 메이지 헌법(대일본제국헌법)이 선포되면서 천황 주권과 천황의 절대 권력이 제도화되기에 이르렀다.

메이지 정부는 천황제 이데올로기의 빠른 정착을 위해 일본의 주권은 만세일계(萬世一界)의 천황에 존재하며, 천황을 윤리적, 정신적, 정치적 중심으로 해 국가를 운영해야 한다는 국체론(國體論)을 전개했다. 하지만 메이지 시대 초기에는 천황을 신격화하고 절대화하려던 메이지 정부의 노력은 그다지 성공을 거두지 못했다. 일반 대중들에게 있어 천황 자체가 낯선 존재였고, 다신교의 신앙생활에 익숙한 일본인들에게 절대 권력의 인간신이라는 개념은 쉽게 받아들여지지 않았다.

제국헌법이 근대천황제의 법률적인 토대라고 한다면, 군인칙유(軍人勅諭, 1882)와 교육칙어(教育勅語, 1890)는 천황에 대한 내면의 충성심을 끌어내는 지침이라고 할 수 있다. 천황이라는 신격화된 존재가 일본인들 한 사람 한 사람에게 구체적으로 의미를 가지려면 천황과 모든 신민을 하나로 묶어 줄 수 있는 개념이 필요했고 이것이 바로 국체(國體)라는 개념이었다. 일본의 국체는 천황과 모든 신민은 하나의 가족이며, 일본은 일종의 가족국가이고 천황은 그 정점에 위치한 신성한 존재라는 것이다.

신으로서의 천황이 침투하게 된 계기는 청일전쟁(淸日戰爭)과 러일전쟁(露日戰爭)의 승리였다. 섬나라이며 세계 속의 변방 국가인 일본이 세계의 중심국인 청나라를 물리치고, 국력과 전력에서 압도적으로 열세였던 일본이 러시아제국에 승리한 것은 기적에 가까운 일이었다. 메이지 정부는 이러한 전쟁의 성과를 태양신의 자손인 천황이 있고 일본이 신국(神國)이기 때문에 승리한 것이라고 전파했다.

존재감이 미약했던 천황을 내세우기 위해 신도를 통합하여, 이전의 신사신도(神社神道)를 국가신도로 개편하고, 천황을 그 최고위 지도자로 내세웠다. 궁극적으로 이는 기존 신도와 불교 및 일반인들의 의식적 저항으로 인해 실패로 끝났으나, 이후 러일전쟁과 중일전쟁의 승리 등으로 인해 신국 사상이 고양됨에 따라 천황의 신격화는 나름대로 성공을 거둔다. 그리고 식민지 조선에도 천황제를 이식하여, 신사를 건설하고 교육칙어 등 천황제 국가의 사상을 강요하였다.

4) 현대의 상징천황제

일본이 무리하게 일으킨 태평양 전쟁이 결국 패배로 끝나고, 일본은 미군정 시대를 맞이하게 된다. 미국 정부는 일본의 제국주의 침략성의 근원이 천황제에 있다고 판단해 천황제 폐지를 검토했다. 그러나 연합군 사령관 맥아더는 천황제 폐지에 반대했다. 그 이유는 당시 일본인들이 천황에 대해 패전에 따른 책임을 추궁하기보다 동정과 경의를 표하고 있었기 때문에 천황제 폐지에 대한 일본인들의 저항이 예상됐기 때문이다.

당시 일본인들은 국가 원수였던 쇼와천황(昭和天皇)에게 최고통수권자로서 침략전쟁의 도발과 패전의 책임을 묻기보다는 군부 세력에게 이용당한 것을 더욱 동정하고 있었다. 대다수의 일본인들은 쇼와천황은 침략전쟁의 수행에 적극적인 의지와 권한이 없었고 군부의 야욕에 이용당했다고 믿고 있있다. 또 하나의 이유는 천황제를 유지하면서 점령 정책에 천황의 지위를 이용하는 것이 유리하다고 판단했기 때문이었다.

그 결과 연합군 사령부는 국민 통합의 상징으로서 천황제는 유지하되 천황주권제(天皇主權制)를 폐지하고, 천황의 정치적 실권은 모두 박탈하며 형식적인 역할만을 인정하는 방안으로 결정했다. 새로운 천황제는 상징천황제로 규정되었고, 그 운영 방안은 1947년 국민주권과 민주주의 원칙에 따라 제정된 새로운 헌법(일본국헌법)에 규정되었다.

헌법 제1조에서 천황은 국민 통합의 상징이며, 그 지위는 주권을 가진 일본 국민의 총의(總意)에 따른다고 규정했다. 제2조에서 황위(皇位)는 국회에서 의결된 황실전범(皇室典範)의 규정에 따라 계승된다고 했고, 제3조에서는 천황의 국사(國事)와 관련한 행위는 내각의 조언과 승인을 필요로 하며 내각이 그 행위에 대해 책임을 진다고 규정하고 있다.

또한 메이지헌법에서 명백히 규정했던 국가 원수로서의 천황의 지위는 현행 헌법에서는 삭제했다. 따라서 현행 일본 헌법 체제하에서 일본의 국가 원수는 존재하지 않는다. 그러나 의원내각제를 채택하고 있는 현행 헌법에서는 천황을 국가 원수라고 명시하는 규정은 없지만, 국가 원수의 역할에 해당하는 국사를 천황이 하는 것으로 규정하고 있다. 이러한 현행 헌법하의 천황제는 제1조에서의 국민 통합의 상징이라는 규정에 따라 상징천황제라고 불린다.

이러한 상징천황제에 대해 대다수의 일본인들은 지지를 나타내고 있다. 천황의 지위와 역할에 대해 현행 헌법에서 규정한 국민 통합의 상징으로서 정치적 실권을 소유하지는 않지만 일본 역사와 문화, 사회의 아이덴티티로서, 그리고 존경의 대상으로서 존재하는 것에 대해 대부분의 일본인들은 대체로 만족하고 있는 듯하다.

현행의 상징천황제를 규정한 것은 맥아더 사령관의 결정이었다고 알려져 있다. 메이지 헌법에서 규정한 절대주의적 천황의 권한과 역할을 박탈하고 단순히 국민 통합의 상징적인 의미로서의 지위만 남겨놓겠다는 취지였다. 메이지 시대 천황제가 정치 세력에 의해 이용당했고, 그로 인해 일본인들이 침략전쟁에 동원되어 많은 희생을 초래했다는 사실도 명확히 인식하고 있다.

전범재판과 관련하여 쟁점이 된 것은 일본 천황의 전쟁책임 문제였다. 점령 초기에는 천황을 전범으로 처벌하고, 공화정 체제로 개혁할 것을 요구하는 주장이 있었다. 그러나 현실적 요건에서 천황제를 존속시키는 방향으로 정책이 결정되었지만 전전 일본군국주의자들이 천황 숭배를 이용하여 대중을 전쟁에 동원했다는 것에서 천황의 탈신격화가 요구되었다.

이와 관련하여 GHQ(연합국 최고사령부)는 국수주의 단체들을 해체시키고 신도의 국교제를 폐지했으며, 쇼와 천황도 자신이 신이 아니라 인간임을 선언함으로써 천황제 이데올로기는 공식적으로 부정되었다. 전전의 제국헌법이 천황을 신성불가침한 절대적 권력을 갖는 통치권자였던 것에 반해, 전후 일본의 헌법에서는 천황을 국가 및 국민 통합의 상징으로 규정하고 있는데 이를 상징천황제라고 한다.

현재의 아키히토 천황(明仁天皇)은 국가의 상징으로 활동한 첫 일본 천황이었다. 제2차 세계대전 당시 천황으로 전쟁 가해 책임에서 벗어나지 못하는 국가 원수 히로히토(裕仁)에 이어 즉위한 그는 일본 국민과 고락을 같이하는 모습을 보이는데 주력했다. 헌법과 법률에 규정되지 않은 상징으로서의 역할을 국민에게 다가서는 것으로 해법을 찾은 것이다. 현재 집권 자민당과 아베 신조(安倍晋三) 총리가 극우 일변도의 행보를 보이며 침략 전쟁이나 위안부 피해자에 대한 사과를 거부하고 있는 것과 달리 그는 전쟁에 대한 반성의 뜻도 밝혔다. 일본의 패전일인 8월 15일에 열린 전쟁 피해자 추도식에서는 "과거를 돌이켜 보며 깊은 반성과 함께 앞으로 전쟁의 참화가 재차 반복되지 않기를 바란다"고 말했다. 아키히토 천황은 자신의 몸에 한국의 피가 흐른다는 이야기도 했다. 그는 2001년 기자회견에서 "내 개인으로서는 간무

GHQ 총사령관 맥아더와 쇼와 천황

천황(桓武天皇)의 생모가 백제 무령왕의 자손이라고 『쇼쿠니혼키(續日本記)』에 쓰여 있는 데 대해 한국과의 혈연을 느끼고 있다"고 말했다.

2. 천황제와 일본인

천황제는 일본의 역사와 사회, 문화 등 일본을 총체적으로 이해하는 데 있어서 상당히 중요하다. 일본인들의 상당수는 천황제가 일본의 역사와 문화를 나타내며 일본 자체라고 생각한다. 일본의 천황가(天皇家)는 일본 역사의 중심에 존재하며, 일본 사회의 정체성을 나타내는 상징적인 존재라고 보기 때문이다. 일본의 천황에 대한 일본 헌법을 살펴보면, 천황의 지위는 다른 입헌군주국가의 국왕과 같이 상징적인 존재로서의 군주에 가깝다. 천황가의 계보는 일본의 유사 이래 지금까지 일본의 역사와 함께 존재한다.

가마쿠라, 무로마치, 에도 등 막부시대의 천황은 역사의 전환기에는 정치적으로 중요한 역할을 했다. 즉 천황가는 정치적 지배권을 상실하고 있었지만, 일본 열도가 변화와 혼란에 처했을 때에는 단합과 통합의 구심점 역할을 해 왔다. 또한 천황가는 유사 이래 현재까지 쿠데타 없이 단일 혈통으로 계승해오고 있다.

한 번도 천황가가 교체된 적이 없으며, 막부 교체를 통해서 실질적인 지배권 교체라고 보아도 무리가 없을 것이다. 가마쿠라 시대부터 무사 정권인 막부가 천황보다 강한 실권을 가지고 일본을 지배하였다. 또한 나중에는 그 실권조차 완전히 잃어버리기 때문에, 가마쿠라 시대부터 에도 시대에 이르기까지의 약 700년간 일본의 실질적 군주는 쇼군으로 보아야 할 것이다. 그러나 일본 국가 또는 일본 사회의 단합과 통합의 구심적 역할로서의 천황가의 역할은 모든 정치적 권한이 상실된 채 상징적인 군주로서 남아 있는 오늘날에도 달라지지 않고 있다.

천황가는 신화상으로는 2000년이 넘게, 실제 역사상으로는 1500년 이상 단절되지 않고 이어져 온 세계에서 유일한 왕실이다. 또한 그 장구한 역사 중에서 천황이 실제로 실권을 잡은 것은 불과 수백년에 불과하다는 점 역시 매우 특이한 부분이다. 나머지 천 년에 가까운 기간 동안 천황은 무사나 귀족들에 의해 제대로 권력을 가지지 못하였다. 현대 들어서는 민주주의 국가가 성립됨에 따라 일본의 단합, 통합의 구심점 역할을 맡고 있을 뿐, 역시 국가 원수로서의 실권은 거의 상실한 상태이다. 현재 일본국 헌법에서는 국민 통합의 상징으로서 천황을 내세우고 있다. 이러한 점에서 천황제는 일본의 역사, 문화와 그 궤를 함께 해 왔다고 보아도 될 것이다.

에도 시대에 완전히 그 존재감이 사라진 천황을 근대 메이지 정부에서 부각시킴으로써 다시 신격화가 이루어진다. 그러나 이 경우는 고대의 신격화와 달리, 관료들이 제국주의 국가의 성립과 발전을 위해 시도하였다는 점에서 그 궤를 달리하고 있다. 그럼으로써 대권에 도전하지 못하게 하고, 천황을 중심으로 한 강력한 국가 체제를 확립하는 효과를 얻었던 것이다.

여전히 천황은 일본의 상징이며 일본 국민 통합의 상징으로 살아남아 있다. 또한 패전 직후 당시 민중들의 대다수가 천황제를 지지하고 있었고, 그 중 입헌군주제를 지지한 사람이 대다수였다는 점도 하나의 이유가 될 수 있을 것이다. 미군정은 급속히 세력을 확대해 가던

소련 공산주의 진영을 막기 위한 전진기지로 일본을 이용하였고, 천황은 그 방파제 역할을 할 수 있을 것으로 기대하였다.

결국, 천황제는 이러한 일본 특유의 역사적, 사회적 요소와 맞물려 그 생명을 연장해 왔다고 볼 수 있을 것이다. 종전조서에는 패전에 대한 인식이 등장하지 않고, 주변국에 대한 침략 등에 관해서도 언급이 없다. 또 태평양 전쟁은 자존과 자위의 전쟁이며 동아시아의 안정을 위한 전쟁으로 의미를 부여하고 전쟁을 종식시키겠다는 천황의 결단만을 강조함으로써 전쟁책임 문제를 회피하고 있다.

태평양전쟁의
자폭공격
가미카제 특공대

〈독해〉 일본어로 읽는 일본문화(4)

① 転機迎える象徴天皇制、国民との共同作業は続く。

退位は自然とする多くの国民と、抵抗する保守強硬派との溝は大きい。公務の在り方を含め象徴天皇制の議論は十分には深まらなかった。退位の問題は皇位の安定継承と不可分だ。退位が実現すれば皇太子が不在となり、子世代の継承者は秋篠宮夫妻の長男悠仁(ひさひと)さま一人となる。国会は安定的な皇位継承や皇族減少対策の検討を政府に求めると決議した。女性宮家創設は具体的な対策として早急に検討すべきだろう。

保守派には皇位が男系で継がれた伝統を継承するため、戦後に皇籍を離れた旧宮家を復活させる案がある。だが、一般国民になって70年になり、皇室とは縁遠い存在だ。男系の血筋といっても、今の陛下と共通の祖先は約600年前にさかのぼる。とても国民の理解が得られるとは思えない。

女性や女系天皇を認めるべきだという主張もある。男系の伝統は絶たれるが、皇室に生まれ育った女性皇族やその子どもに皇位継承資格を与えるものだ。男女平等などの時代的背景や安定的な皇位継承という点で現実的な対応だと賛同する意見は多い。いずれにしても、将来の皇室の在り方をどう描くかの議論が欠かせない。

今後は、元号の制定、退位や即位に伴う儀式の準備が始まる。首相官邸と宮内庁が意思疎通し、円滑な皇位継承に万全を期してほしい。

天皇制の将来をどう描くのか。特例法成立後も皇室と国民との共同作業は続いていく。

(『毎日新聞』https://mainichi.jp/articles/20170610/)

② 昭和天皇実録、二つの責任を明記すべきだ。

宮内庁は昭和天皇の生涯を記録した「昭和天皇実録」の内容を公表した。米軍による沖縄の軍事占領を望んだ「天皇メッセージ」を日本の公式記録として記述した。

しかし、沖縄の問題で重要とみられる連合国軍総司令部(GHQ)のマッカーサーとの会見記録や、戦争に至る経緯などを側近に述懐した「拝聴録」は「見つからなかった」との理由で、盛り込まれなかった。編さんに24年かけたにしては物足りず、昭和史の空白は埋められなかった。

昭和天皇との関連で沖縄は少なくとも3回、切り捨てられている。最初は沖縄戦だ。近衛文麿元首相が「国体護持」の立場から1945年2月、早期和平を天皇に進言した。天皇は「今一度戦果を挙げなければ実現は困難」との見方を示した。その結果、沖縄戦は避けられなくなり、日本防衛の「捨て石」にされた。だが、実録から沖縄を見捨てたという認識があったのかどうか分からない。

二つ目は45年7月、天皇の特使として近衛をソ連に送ろうとした和平工作だ。作成された「和平交渉の要綱」は、日本の領土について「沖縄、小笠原島、樺太を捨て、千島は南半分を保有する程度とする」として、沖縄放棄の方針が示された。なぜ沖縄を日本から「捨てる」選択をしたのか。この点も実録は明確にしていない。

三つ目が沖縄の軍事占領を希望した「天皇メッセージ」だ。天皇は47年9月、米側にメッセージを送り「25年から50年、あるいはそれ以上」沖縄を米国に貸し出す方針を示した。実録は米側報告書を引用するが、天皇が実際に話したのかどうか明確ではない。「天皇メッセージ」から67年。天皇の意向通り沖縄に在日米軍専用施設の74%が集中して「軍事植民地」状態が続く。「象徴天皇」でありながら、なぜ沖縄の命運を左右する外交に深く関与したのか。実録にその経緯が明らかにされていない。

私たちが知りたいのは少なくとも三つの局面で発せられた昭和天皇の肉声だ。天皇の発言をぼかし、沖縄訪問を希望していたことを繰り返し記述して「贖罪(しょくざい)意識」を印象付けようとしているように映る。沖縄に関する限り、昭和天皇には「戦争責任」と「戦後責任」がある。この点をあいまいにすれば、歴史の検証に耐えられない。

(『琉球新報』https://ryukyushimpo.jp/editorial/prentry)

제5장 일본의 의복 문화

1. 의복 문화와 의복 생활

1) 의복 문화의 역사

일본의 의복 문화는 고대시대부터 나타난다. 남녀 모두 앞이 트이고 좁은 소매가 달린 상의와 함께 남성들은 느슨한 바지를 착용했고 여성들은 긴 주름의 스커트를 착용했던 것으로 보인다. 일본 고분문화의 기누하카마(絹袴)는 의복은 중앙아시아 기마민족의 의복에서 유래하며, 한국의 삼국시대 의복으로부터도 영향을 받았다고 한다. 그리고 한반도가 삼국시대부터 중국의 영향을 받았기 때문에 일본의 고대 의복 문화는 9세기까지는 중국문화권과 백제, 통일신라 의복의 영향을 받았을 것이다.

헤이안 시대 후기에는 그들 고유의 독자적인 것을 예술로 승화시켜 독창적인 의복 문화를 만들어냈다. 헤이안 시대 궁중 여성들의 주니히토에(十二単)라는 의례복식에서는 일본 의복 문화의 독특함을 알 수 있으며, 가사네이로메(重色目)에서는 사계절의 자연물을 의복의 색채 표현에 활용한 일본 특유의 의복 문화가 나타나 있다.

가마쿠라 시대에는 교토풍 기모노의 비실용적인 것을 부지런함과 소박함을 강조하는 기모노로 바뀌었다. 헤이안 시대에는 여성들이 속옷으로 착용했던 고소데(小袖)를 가마쿠라 시대에 들어서는 겉옷으로 착용하여 근대적인 기모노의 기본이 형성되었다.

에도 시대부터는 조닌 문화가 발전함에 따라 계급이 아니라 경제적인 부에 의해 가치 기준이 바뀌면서 여성들에게는 대다수가 유사한 형태의 기모노를 착용하게 되었다. 에도 시대에는 교토풍의 화려한 기모노에서 에도풍의 단조로운 색상에 다양한 색조를 표현한 기모노로 바

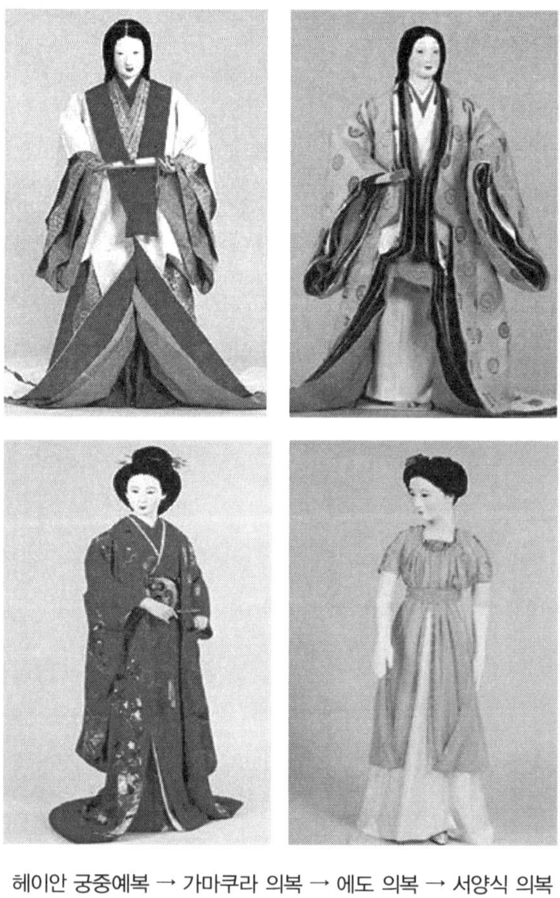

헤이안 궁중예복 → 가마쿠라 의복 → 에도 의복 → 서양식 의복

꿔었다. 에도 시대의 250년 동안 경제적으로 유복한 조닌이 새로운 의복 문화를 유지해갔고 가부키자(歌舞伎座)나 유곽이 유행을 창출하였다.

그리고 메이지 유신 이후에는 서양에 문호가 개방되면서 전통적인 옷차림보다는 서양식 옷차림으로 바뀌기 시작하였고, 현재는 서양식 옷차림이 일상화되어 있다.

2) 의복 생활

일본의 기후는 한국과 거의 유사하지만 지역에 따라 조금씩 다른 특징을 보인다. 북쪽에 위치한 홋카이도는 여름에 비가 적고, 겨울에 눈이 많이 내리고, 도쿄가 있는 혼슈는 한국의 서울과 비슷한 기후를 보인다. 사방이 바다로 둘러싸여 있어 습도가 높은 편으로 겨울보다는 여름이 무더운 편이다. 이러한 일본인의 생활양식은 여름에 적합하도록 되어 있어 가옥구조도 통풍이 잘 되도록 개방적이며, 전통복인 기모노(着物)도 깃, 소맷부리, 옷자락 등에 개방부분이 많은 것이 특징이다. 또한 직선으로 재단하여 간략하게 만드는 남방계 의복의 특징을 지니고 있다. 기모노는 헤이안 시대 귀족들의 정장 속옷이 점차 변화한 것으로 에도 시대에 이르러서는 정장과 같은 복장이 되었으며, 지금은 일본 전통 의복의 대명사로 인식되고 있다.

일본에서 기모노라는 말은 세 가지 의미로 사용된다. 첫째는 몸에 걸쳐 입는 옷을 총칭하는 뜻으로 의복 복장과 동일한 의미로 쓰인다. 둘째는 한복처럼 일본 전통 의복 전체를 가리키는 말로 와후쿠(和服)와 같은 의미이며, 셋째는 와후쿠 중에서 외국인들이 일반적으로 기모노라고 알고 있는 길이가 긴 포 형태의 나가기(長着)를 호칭하는 용도로 사용된다.

즉, 남녀 모두 착용하는 나가기가 일본 전통을 대표하는 기모노와 동일한 개념으로 사용되기도 한다.

2. 남녀 의복

1) 남성 의복

① 나가기(長着)

나가기는 기본적으로 걸쳐 입는 포형태의 의복이다. 기본적으로 남녀 모두 동일한 형태이지만, 남성용 나가기는 여성용에 비해 소매옆선의 겨드랑이선 파임이 짧고 꿰매어져 있으며, 문양이나 그림으로 장식하는 여성용 나가기에 비하면 단순한 패턴이다.

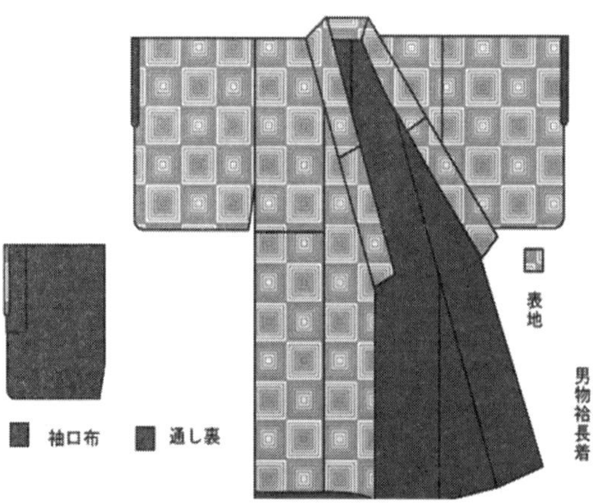

나가기

결혼식에서 신랑과 아버지의 나가기는 주로 검은색 바탕에 다섯 개의 가몬(家紋)을 넣은 것으로 아래에는 하카마를 겉옷으로 하오리를 입는 것이 정장이다. 평상복으로 나가기 하나만 입는 경우가 많으며 계절에 따라 사용하는 소재가 다르다.

② 하카마(袴)와 하오리(羽織)

하카마는 기모노 위에 입는 옷으로 치마처럼 생긴 품이 넓은 예장용 하의이다. 앞에 넓은 주름을 깊게 잡아 아랫단까지 주름이 지는 형태이다. 하오리는 나가기 위에 덧입은 것으로 가몬이 한가운데 있는 경우도 있다. 하오리의 길이와 색상은 다양하여 검은색 바탕에 가몬이 뒷목 중심에 하나 있는 것은 구로몬쓰키(黒紋付き) 하오리로 졸업식이나 입학식 등의 행사에서 착용한다. 또, 하오리를 입지 않거나 가몬이 한 개나 세 개만 들어간 하오리를 입으면 약식 예복이 된다. 축하의 자리에서는 검은색인 구로몬쓰키(黒紋付き) 하오리를 입고, 품이 넓

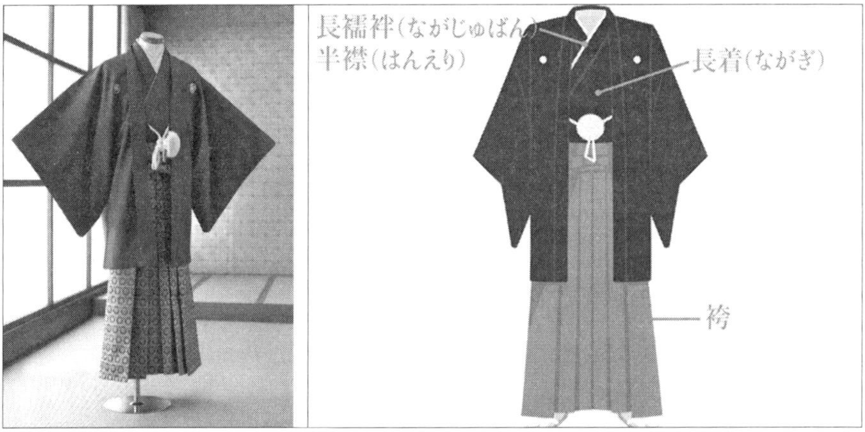

남성의복(하카마와 하오리, 나가기)

고 앞에 주름을 잡은 치마 형태의 하카마를 입는다.

2) 여성의복

넓은 의미에서 기모노는 옷을 가리키는 용어이지만, 보통은 여성이 입는 나가기에 한하여 기모노라고 하기도 한다. 기모노는 펼쳐 놓으면 직선형 구성으로 되어 있으며, 겨드랑이 부분은 트여 있다. 기본적으로는 원피스형인 기모노 위에 하오리와 같은 겉옷을 겹쳐 입는 구조이다. 여밈 장치로는 단추나 고름 대신 오비(帯)를 묶는다. 기모노의 형태는 매우 단순하지만 용도에 따라 문양이나 색채, 입는 방법, 소매의 모양을 달리하여 외출복, 예복, 상복, 일상복, 작업복 등으로 나누기도 한다.

① 기혼여성의 예복

기혼여성이 격식을 갖출 때 입는 기모노는 도메소데(留袖)이다. 기모노 가운데 기혼여성이 입는 최고의 예복이다. 소매가 짧고 소맷부리가 좁은 것이 특징이다. 구로토메소데(黒留袖)는 가장 격식을 갖춘 것으로 속에 흰색의 기모노를 받쳐 입어 가장자리에 하얀 선 효과를 나타나는 것을 정식으로 간주한다. 지금은 소매와 깃 부분에 흰 천을 덧댐으로 겹쳐 입은 것과 같은 효과를 내기도 한다. 집안을 상징하는 가몬을 등과 양쪽 소매, 양쪽 가슴에 하나씩 모두 다섯 개를 넣어준다. 그리고 이로토메소데(色留袖)는 친족이 아닌 사람들의 결혼식이나 축하 행사 때 입는 예복이다. 구로토메소데 다음으로 격식을 갖춘 것으로 축제 분위기의 행사 등에서 입게 되며, 풍경 및 각종 무늬를 다채

롭게 넣은 화려한 예복이다.

② 미혼여성의 예복

미혼여성이 입는 예복은 후리소데(振袖)이다. 에도 시대까지는 남녀가 모두 후리소데를 입었으나, 현재는 미혼여성들만 입는다. 기모노 가운데 가장 화려한 것으로 길게 늘어진 소매와 화려한 장식과 다양한 색채가 특징이다.

소매의 길이에 따라 오후리소데(大振袖, 105cm내외), 나카후리소데(中振袖, 90cm내외), 고후리소데(小振袖, 75cm내외)로 나눌 수 있다. 오후리소데는 소매의 길이가 복사뼈까지 내려오는 것으로 결혼식이나 피로연에서 신부예복으로 입고, 나카후리소데는 성인식이나 피로연 등 파티복장으로 많이 사용된다.

③ 외출용 기모노

일반적으로 가장 많이 입는 외출용 기모노는 호몬기(訪問着)이다. 호몬기는 일본 여성이 예복으로 입는 전통의상이다. 격식으로 따지면 이로토메소데나 후리소데 다음의 약식 예복으로, 후리소데를 단순화시킨 옷이다. 사교용이나 외출복으로 많이 착용하며, 결혼 여부나 나이에 관계없이 입을 수 있다. 입학식이나 피로연, 파티 등 약간 격식을 차려야 하는 자리에도 입을 수 있다. 소매길이는 코후리소데 정도이며 무늬는 전체적으로 한 가지 모양이 반복되어 들어가거나, 펼치면 하나의 그림이 되도록 옷자락에서 양 소매, 왼쪽 어깨, 옷깃으로 이어지는 무늬를 넣기도 한다.

④ 여름용 기모노

여름용 기모노는 안감이 없는 홑겹의 기모노로서 면으로 만든 유카타이다. 헤이안 시대 귀족들이 목욕할 때 입던 마직물로 만든 홑옷에서 기원한 것이다. 외출복으로 입게 된 때는 메이지 시대 이후이다. 옷감도 처음에는 마(麻)로 만들었다가 점차 다루기 쉬운 면을 사용하였다. 최근에는 폴리에스테르 등의 화학섬유나 혼방 옷감을 이용한다. 유카타의 문양은 꽃이나 나비, 동물, 기하학적 무늬 등 매우 다양하다.

지금은 목욕 후에 입는 옷이라기보다는 여름용 기모노로 많이 착용된다.

⑤ 모후쿠(喪服)

모후쿠(喪服)는 일본의 상복을 말한다. 영결식이나 상가에서 친족이 주로 입는 상복으로 무늬 없는 검은 옷감에 가문 문양 5개가 들어간 5문양이 기본이다. 미혼, 기혼을 불문하고 입는 것으로 고별식 때에는 누구를 막론하고 이 검은 상복을 입어야 하며 죽은 사람의 가족이나 가까운 사람은 장례의 모든 행사에 이 정장을 입어야 한다. 상복에 매는 오비는 흑무지에 문양이 새겨지는 것으로 부드럽고 광택이 있는 슈스(繻子)라든가 단스(緞子)의 나고야 오비(名古屋帯), 혹은 후쿠로 오비(袋帯)가 중심이다.

⑥ 결혼예복

전통 결혼식에서 신부는 우치카케(打掛)와 시로무쿠(白無垢) 차림으로 입는다. 우치카케는 긴 포의 형태로 에도 시대까지는 귀족가문 여성들이 의례적으로 입던 옷이었다. 얇게 솜을 두른 견으로 만들고 길게 늘어진 소매가 달리며 나가기를 입고 오비를 맨 후 그 위에 입는 옷이다.

시로무쿠 차림은 신부의 기모노를 의미하는 것으로 겉옷, 속옷 모두 흰옷 차림이라는 뜻이다. 여기에는 신랑 가족의 가풍과 풍습을 배울 준비가 되어 있음을 의미하였다고 한다. 시로무쿠는 기모노, 우치카케, 오비, 와타보우시(綿帽子), 쓰노가쿠시(角隠し) 등이 모두 흰색으로 된 것이다.

⑦ 겉옷

겉옷으로는 하오리를 입는다. 하오리는 가벼운 외투로 여행시 착용했던 외투 형태에서 발전한 것으로 보이며 하오리라는 말은 옷 위에 걸친다는 의미의 하오루(羽織る)에서 파생된 말이다. 남성들에게 하오리는 격식을 갖추기 위한 겉옷이지만, 여성들에게 하오리는 방한, 기모노를 오염이나 습기로부터 보호하기 위한 실용적인 목적으로 사용된다.

후리소데

도메소데

호몬기

모후쿠

여성의복 모습

3) 장신구와 소품

① 오비(帯)

여성용 기모노를 입을 때 허리 부분에서 옷을 여며주는 띠이다. 넓은 천으로 허리를 몇 겹으로 감아 뒤쪽에 매듭을 만드는 것으로, 세계적으로도 보기 드문 독특한 형식이다. 오비를 맬 때 허리보다 위에 묶기 때문에 하반신이 길어 보이는 효과가 있다.

오비의 종류 또한 다양하며, 옷에 따라 오비의 종류를 달리한다. 가장 격이 높은 것으로 폭이 넓은 천을 두 겹으로 접어 꿰맨 마루오비(丸帯)가 있다. 후리소데나 도메소데와 같은 정식 예복이나 신부 의상에 주로 이용한다. 전대처럼 속을 비게 만든 후쿠로오비(袋帯) 역시 예복이나 약식 예복에 사용한다. 마루오비보다 광범위하게 사용된다. 오비의 폭을 넓게 해서 화려한 느낌을 주거나, 모양을 변형하여 여러 가지 분위기를 연출할 수 있다.

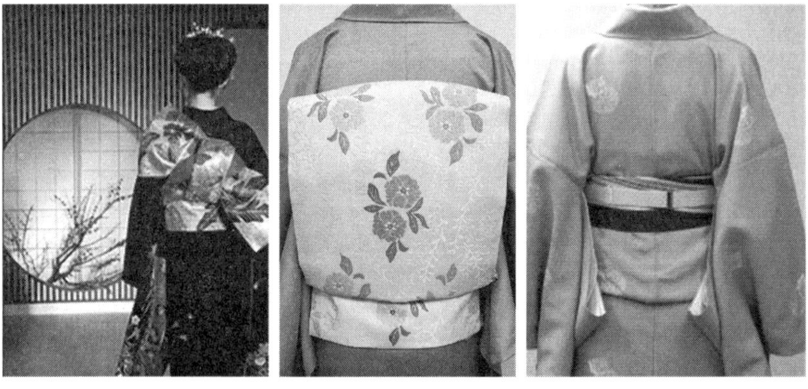

오비

② 게다(下駄)와 조리(草履)

게타(下駄)는 기모노와 함께 착용하는 일본의 전통 신발이다. 보통 목재로 만들게 되며, 신발 바닥에 돌출된 부분이 있어서 지면으로부터 보호를 받는다. 엄지발가락과 둘째 발가락 사이에 V자형의 고정끈이 있다. 여성의 경우 나무로 만들기도 하고 칠을 입히기도 하며, 고정 끈도 아름다운 실크를 사용하기도 한다. 조리(草履)는 가죽 제품으로 의례적인 장소에 갈 때 착용하는 경우가 많다.

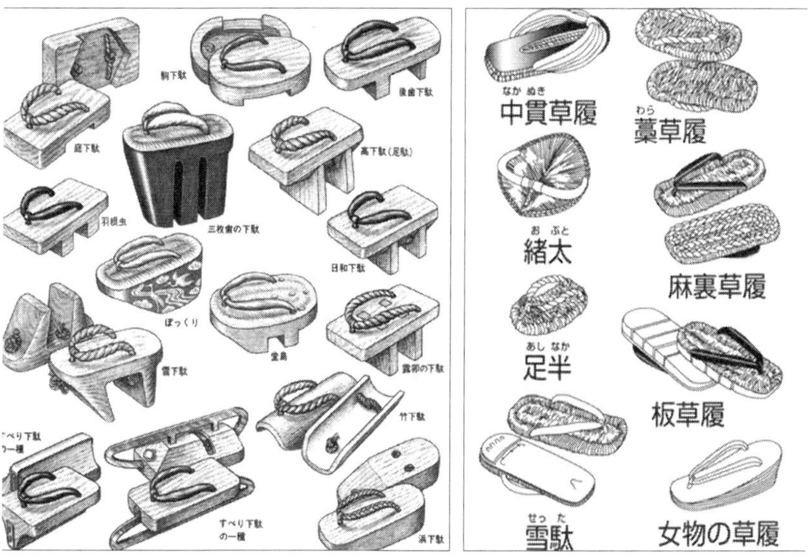

게다와 조리

③ 다비(足袋)

다비(足袋)는 엄지발가락과 둘째 발가락 사이가 나뉘어져 있는 실크나 면으로 만든 일본식 버선이다. 다비는 게다를 신기 위해서 발가락 사이가 갈라져 있다. 엄지발가락과 둘째 발가락 사이가 나뉘어져 있기 때문에 게타를 착용하기가 쉽다. 여성들뿐만 아니라 남성들도 발가락이 갈라진 버선인 다비를 신는다. 남성들은 검은색이나 감청색을 주로 신으며, 여성의 경우에는 정장 차림에는 흰색, 일상복 차림에는 색이 있는 다비를 신게 된다.

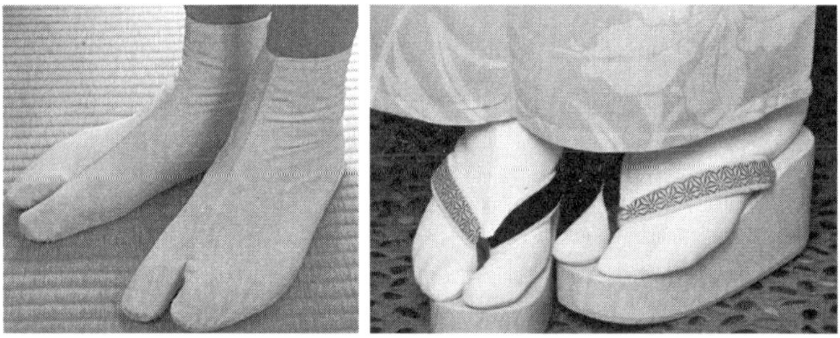

다비

〈독해〉 일본어로 읽는 일본문화(5)

① いよいよ春から大学生！入学式にふさわしい服装とは？

高校を卒業していよいよこの春から大学生。入学式の服装でお悩みではないですか？高校までは制服で出席していたけれど、大学の入学式ともなれば着る服を自分で選ばなくてはいけません。どのような服装で入学式に出席すれば良いのでしょうか。

大学生活のスタートをより良いものにするためには、入学式に着るスーツ選びも大切です。大学の入学式では服装の指定がない場合もほとんどの人がスーツで出席します。大学生ともなると、その後の学生生活の中でスーツを着る機会も増えますので、入学式を期に一着購入しても良いかもしれません。

スーツには色や形など、様々な種類があります。大学生活の中では、企業でアルバイトをしたりインターンシップに行ったり、また三年生になれば就職活動も始まります。そのような場面でも使える凡庸性の高いスーツを購入しておくと後々便利です。

女性の場合はスカートとパンツスーツで迷うかもしれませんが、入学式でも就職活動でもどちらを選んでもマナー的には問題ありませんので、自分にあったスーツを購入すると良いでしょう。

リクルートスーツとして使うことも考えると、ネイビーやブラックがおすすめです。最近の人気はブラック。様々な場面で着用できるので便利です。女性の場合は入学式用にベージュ系のスーツを選ぶ人も増えているようです。

後々のことを考えてリクルートでも使えるスーツを…と思って

も、晴れて大学生になる日に、「地味すぎる格好はしたくない！」という人もいるのではないでしょうか。スーツ以外のところでおしゃれを楽しむ方法はたくさんありますよ。

男性ならシャツやネクタイ、女性ならアクセサリーや髪型、インナーに着るブラウスで華やかさを出すことができます。ただし、殆どの新入生は就活生さながらの恰好をしていることが多いです。あまりに周囲と違う恰好をして浮いてしまうと、その後やりにくいと感じる場面があるかもしれないという点を考慮しましょう。

(『エネチェンジ』https://enechange.jp/articles/entrance-ceremony-clothes)

② 日本で着物を着たことはある? 日本在住の外国人に聞いてみた。

日本の民族衣装「着物」。オリエンタルな華やかさが美しくて魅力的!と、外国人からの評判も上々です。そこで日本に住む外国人20人に、日本で着物を着たことがあるか聞いてみました!

お祭りの時に着ました(ギリシャ／男性／30代前半)

お正月やお祭りは、現代の日本で着物や浴衣を着る習慣が残っている数少ない機会。外国人のみなさんにとっても、和服体験のチャンスになるようですね。

友人の結婚式等(ネパール／男性／30代前半)

着物は立派な正装です。決まり事が多く着脱に手間がかかることもあり、結婚式でも洋装の方が多いですが、着物は場を華やかで特別な雰囲気にしてくれます。外国人が着物を着てくれたら、新郎新婦も喜んでくれそうで、いいことずくめですね!

私の結婚式の時でした。日本人女性と結婚しています(イタリア/男性/30代前半)

ご自身の結婚式という方もいらっしゃいました!「紋付き袴(はかま)」を着たのですね。母国の家族や友人も日本式の晴れ姿を見ることができて、さぞかし興味深かったことでしょう。

京都で着物体験した時に着ました(中国/女性/20代後半)

奈良や京都には着物を1日レンタルできるお店があります。特に京都にはたくさんあり、着付けやヘアメイクもしてもらえ、料金も3,000円~と高くありません。用意していかなければいけない物もありませんので、外国人だけでなく日本人にもうれしいアイデアですね。

今回のアンケートでは、半数以上の方が着物を着た経験があるとのことでした。現在は我々日本人も、大半の人はなかなか着物を着る機会はありませんが、ざっと100年もさかのぼれば、着物は日本人の普段着でした。

(『マイナビニュース』https://news.mynavi.jp/article/20130221-a145/)

제6장 일본의 음식문화

1. 식생활의 변화

인류는 오랜 기간 동안 각각 자신들의 풍토와 미각에 맞는 이루 헤아릴 수 없을 정도로 많은 요리를 만들어내고 개발해 왔다. 이러한 식생활의 다양성은 각 지역의 자연환경이나 재료를 요리하는 기술, 요리에 부여하는 문화적 의미의 다양성에서 비롯되었다고 할 수 있다. 요리도 주거양식에 못지않게 각기 여러 지역의 생태학적 환경과 밀접한 관련 속에 형성되어 온 문화이기 때문에 토착성이나 전통성이 강한 생활문화의 하나인 것이다.

1) 식생활의 역사

나라 시대에는 불교의 영향으로 살생이 금지되었으며, 소나 말, 닭, 원숭이의 식용을 금하고 있었다. 이러한 식생활에 대한 금기는 에도 시대까지 이어졌다. 이것은 경작용 가축인 우마의 식용을 금지한 것이며, 사냥한 야생동물까지 금지한 것은 아니었다. 그러나 야생동물은 사람들의 정착생활과 농경지의 확대로 그들의 삶의 터전이 침식됨으로써 급격히 감소되어 갔다. 산간 오지에 사는 극소수의 사람들을 제외하면, 육식의 기회가 극히 제한되어 있었다.

가마쿠라 시대에는 중국으로부터 전래된 선종(禪宗)이 일본의 무가 사회에 수용되어, 수행기간 중에는 채식 요리를 먹게 된다. 또한 선종의 사찰에서 낮에 차를 마시는 습관이 일반화되자, 1일 2회의 식사 외에 1일 3식의 식사관행이 정착하게 된다. 가마쿠라 말기부터는 차마시기 풍습의 차노유(茶湯)라는 다도가 일본 특유의 생활문화로 완성되었으며, 차를 끓이기 전에 준비하는 카이세키(懐石) 요리가 생겨나 나중에는 일본의 대표적인 요리로 자리를 잡게 된다.

에도 시내에는 에도와 오사카 등의 대도시로 전국의 산해진미가 유입되면서, 소비와 향락 중심의 도시문화로 바뀌어갔다. 그리고 이들 대도시에는 경제력을 갖춘 신흥 조닌(町人) 계급을 주된 고객으로 하는 요정과 음식점 등이 생기면서, 요정에서는 이들을 위한 연회용 요리가 발달하게 되었다.

에도 말기에는 오랫동안 육식을 금지한 식생활의 근간이 붕괴되기 시작하는데, 특히 외국인 거주지를 중심으로 쇠고기 요리가 유입되면서, 이것을 먹는 것이 진보사상의 상징이 되기도 했다.

에도 시대에는 오늘날 일본의 대표적 요리로 자리 잡은 덴푸라(天ぷら, 튀김요리)나 소바(そば, 메밀국수), 스시(寿司, 초밥) 등이 생겼으며, 와사비(わさび, 고추냉이)를 넣은 간장에 찍어 먹는 현재의 사시미(刺身, 생선회)도 에도 시대에 간장이 보급되고 나서 일반화되었다. 또한 가장 널리 사용되는 조미료인 간장이나 설탕, 다시마 등도 에도 시대에 생겼다. 일본요리의 형성과정에서 에도 시대가 차지하는 사회경제적 의미와 비중은 매우 높다.

메이지 시대에는 서구 유럽의 음식이 급격히 유입되어 일본의 전통적 식생활에 큰 변화를 일으켰다. 육식도 허용되고, 정부의 장려로 쇠고기와 채소 등을 냄비에 넣어서 끓여먹는 규나베(牛鍋)가 유행한다. 이때부터 일본과 서양식 요리의 절충형도 속속 등장하게 된다. 혼자서 먹는 음식 차림인 메이메이젠(銘銘膳)이나 여럿이 함께 먹는 높이가 낮은 밥상인 차부다이(卓袱台) 등 식탁에서도 식생활 환경이 크게 변화하게 된다.

제2차 세계대전 이전의 일본인의 식사는 쌀을 주식으로 한 쓰케모노(漬物, 야채절임)와 미소시루(味噌汁, 된장국), 야채요리가 일반적인 형태였다. 전후 미국에서 들어온 탈지분유와 밀가루가 무상으로 보급되어 학교급식이 시작되었고, 이와 더불어 1950년대 시작된 고도경제성장으로 일반 서민의 식탁에도 구미형 음식이 들어오기 시작했다.

일본인의 식생활 역사에서 가장 큰 변화는 메이지 초기의 육식 허용과 외국 식문화의 적극적 도입을 계기로 일어났다. 또한 일본인의 전통적 식생활은 육류 섭취가 억제된 곡류를 중심으로 한 것이었으며, 필수 아미노산의 섭취는 생선이나 콩을 통해 이루어졌다.

2) 사시미(刺身)와 스시(寿司)

① 사시미(刺身)

육식이 억제된 곡류 중심의 전통적 식생활에서는 맛있는 음식은 당연히 생선류였다. 현대 일본인의 식생활에서도 생선은 빼놓을 수 없는 것으로, 세계 어느 민족보다 생선 소비를 많이 하고 있는 것으로 알려져 있다. 일본인에게 해산물 중 생선은 가장 좋은 반찬에 해당되며, 훌륭한 반찬거리가 되는 것이다.

"날것으로 먹을 수 없다면, 구워서 먹어라. 그래도 못 먹겠거든 끓여서 먹어라"라는 얘기가 시사하는 바와 같이, 일본요리에 있어서 음식의 신선도에 대한 집착과 그것에 연유된 요리법의 간소화, 음식 재료의 자연 그대로의 맛을 강조하는 요리의 소박함과 자연주의가 강조되고 있다.

요리의 관심은 오직 소재의 맛을 어떻게 하면 그대로 살릴 수 있을까에 집중되었다. 최근의 일본인은 이러한 가치관과 식생활의 전통을 바탕으로, 선도를 유지하는 냉동 기술과 다양한 가공 기술의 개발로 최대 생선 소비국과 수산대국에 걸맞는 세계의 온갖 해산물을 즐기고 있다. 일본어에 우미노사치(海幸)와 야마노사치(山幸)라는 말이 있다. 이는 산이나 바다에서 나는 풍부한 식품의 재료를 가리키는 말로서, 일본인은 자연환경에 많은 혜택을 받고 있다는 말이기도 하다.

일본은 대부분의 도시가 바다와 인접해 있거나 아주 가까운 거리에 있다. 이것이 예나 지금이나 우미노사치를 신선한 동안에 가져와 먹을 수 있었던 천혜의 조건이 된 것이다. 생선은 전통적으로 일본의 부식으로서 가장 맛있는 음식이었지만, 그 중에서도 신선할 때 날것으로 먹는 것을 최고로 친 것이다.

일본요리 중에서 신선도를 중시하는 식품은 말할 것도 없이 사시미(刺身)이다. 생선은 그 자체가 종류는 다양해도 사시미의 형태로 먹는 경우, 조미료를 많이 섞어 맛을 낸 다른 요리에 비해 맛에는 특별한 차이가 없다. 따라서 요리사는 맛으로 승부를 낼 수 없으며, 요리에 사용된 재료의 품질을 문제 삼게 된다. 나아가 요리의 모양과 색깔, 장식 등의 모양내기에 주력하게 된 것이다.

일본의 생선요리를 생각할 때, 간장과 소금의 기능을 빼놓을 수 없다. 생선요리는 간장과 소금이라는 단일 조미료의 사용에까지 영향을 미쳤다. 끓여 먹는 생선에는 간장, 구워 먹는 것에는 소금이라는 등식이 성립할 정도로 간장과 소금은 생선요리에서 중요한 위치를 차지하고 있다. 이 중에서 특히 간장은 생선을 단일 맛으로 먹는 일본인의 식사 관행을 더욱 진전시켰다. 간장은 생선요리 문화의 결과이며, 비린내를 없애고 생선의 담백한 맛을 강조하는 가장 좋은 조미료이다.

② 스시(寿司)

일본의 음식을 대표하는 또 하나의 생선요리는 스시(寿司)이다. 스시는 원래 생선을 오랫동안 저장하기 위해 만든 것이며, 이를테면 생선절임인 셈이다. 나무통이나 항아리에 소금을 친 생선과 밥을 번갈아 넣고, 또는 생선의 뱃속에 밥을 넣거나 통 속에 어육과 밥을 번갈아 넣어 누름돌로 눌러 두면, 자연적으로 발효되어 썩지 않는 생선절임이 만들어진 것이다. 이렇게 하여 만든 나레즈시(熟れ寿司, 생선초밥)는 도작문화권인 동남아시아에서도 널리 애용되고 있는 것으로 알려져 있다. 가장 오래된 나레즈시는 시가현(滋賀県)의 후나즈시(鮒寿司, 붕어초밥)가 유명하다. 이 후나즈시는 익숙하지 않은 사람에게는 냄새가 강해서 먹기 힘들 수 있다. 나레즈시의 변형된 형태가 오시즈시(押し寿司)인데, 상자 틀에 밥과 생선을 넣어 일정한 시간 동안 눌러서 만든 것이며 하코즈시(箱寿司)라고도 한다.

그런데, 이러한 자연 발효된 스시는 어느 정도의 시간이 필요하다. 좀 더 빨리 스시를 먹기 위해 고안 된 것이 바로 에도 시대 후기에 나타난 니기리즈시(握り寿司, 주먹초밥)이다. 에도 후기에는 서민들의 생활도 윤택해지고 외식하는 기회도 빈번해지면서 일반 서민들이 접하기 쉽지 않았던 스시를 가격 부담 없이 먹고 싶어 하는 수요가 늘어나서

생겨난 스시가 니기리즈시이다. 이것은 생선의 어육을 엷게 썬 것을 초를 넣어 섞은 밥을 손으로 한 움큼 집어 단단하게 한 것 위에 얹어 먹는 것으로, 현재 일식집에서 먹을 수 있는 스시의 형태인 것이다.

식사 시간에 맞추어 먹는 식사라기보다는 간식의 개념으로 먹었던 대중적인 음식으로서 당시 에도에서 엄청나게 유행하게 되었다. 당시에는 보존하기 쉽지 않았기 때문에 날생선으로 곧바로 만들지 않았으며, 식초와 간장에 절여서 부패를 막고 맛나게 먹을 수 있는 노력이 있었기 때문에 니기리즈시가 확산될 수 있었다. 이후에는 더욱 간편하고 저렴한 마키즈시(巻き寿司, 김초밥)나 이나리즈시(いなり寿司, 유부초밥)도 생겨나게 되었다.

에도 시대에 야타이(屋台, 노점)에서 시작된 니기리즈시가 전국으로 확산되면서 일반화된 대중 스시가 되었으며, 현재는 점차 고급 음식점으로 자리를 잡아가고 있다. 한편, 저렴한 가격으로 즐길 수 있는 회전스시 전문점도 많아졌다.

중국 음식을 불의 요리라 한다면, 한국 음식은 손의 요리로 일컬어지는데 반해, 일본 음식은 칼의 요리라고 생각할 수 있다. 칼을 이용

사시미와 스시

해서 요리할 때 가장 중요한 것은 음식 재료의 신선함에 있다. 신선한 음식을 먹기 위해 일본인은 최소한으로 조리하거나 날것을 즐긴다. 음식 재료의 향과 맛, 그리고 식감을 그대로 살려 신선함을 내세운 일본 요리는 요즘 세계인에게 각광받는 음식이 되었다.

3) 돈가스(豚カツ)와 카레라이스(カレーライス)

일본은 서양에서 들어온 요리를 다양한 형태로 일본인들의 주식인 밥에 어울리는 양식(洋食), 일본인의 입맛에 맞게 개량한 일본식 서양 요리를 만들어냈다. 그 대표적인 음식이 돈가스(豚カツ)와 카레라이스(カレーライス)이다.

① 돈가스(豚カツ)

돈가스는 본래 프랑스 요리의 커틀릿(Cotelette)을 일본식으로 개량한 음식이다. 커틀릿이 처음 일본에 들어왔을 때 버터 맛에 익숙하지 않은 일본인들에게는 느끼해서 먹기 힘든 요리였다. 양식집 셰프가 일본요리인 덴푸라(天ぷら, 튀김)의 조리법에서 착안하여 버터를 넣지 않고 기름에 돼지고기를 튀겨낸 포크 커틀릿(Pork cutlet)을 만들어냈는데, 서민들에게 인기를 얻어 돈가스로 발전하였다고 한다. 커틀릿은 얇은 소고기나 양고기에 고운 빵가루를 입혀서 버터를 녹인 프라이팬에 굽는데, 돈가스는 두툼한 돼지고기에 굵은 빵가루를 입혀서 넉넉한 기름에 튀겨낸다. 그리고 포크나 나이프 대신에 일본인들이 평소에 사용하는 젓가락을 사용해서 먹을 수 있도록 돈가스를 잘라 놓고, 미소시루(味噌汁, 된장국), 양배추채 등을 곁들여 먹게 된다. 즉, 요리에 쓸 재료와 요리하는 방법을 일본인의 입맛에 맞도록 요리하고 식사하는 방식까지도 젓가락을 사용할 수 있도록 개량한 것이다. 돈가스는 이제 국민 음식이라고 할 수 있을 만큼 대중적인 양식 요리가 된 셈이다. 이와 같은 방식으로 만든 요리에는 굴을 이용한 가키후라이(カキフライ, 굴튀김), 에비후라이(海老フライ, 새우튀김) 등이 있다.

② 카레라이스(カレーライス)

카레라이스는 인도 다음으로 소비량이 많은 나라가 일본이라고 한다. 일본인들이 즐기는 카레는 본산지인 인도의 카레와는 다르다. 인도 카레는 푹 끓인 채소에 다양한 종류의 스파이스를 넣어서 묽게 만드는데 비해, 일본 카레의 경우는 건더기를 많이 넣고 걸죽하게 만드는 영국식 카레이다. 메이지 시대 초기에 영국 군대 식사인 카레를 일본 해군의 군대식으로 도입한데서 유래되었다고 한다.

해군의 군대식에서 비롯된 일본의 카레는 다이쇼 시대에 들어서 전국으로 확산되었다. 처음에는 양식 레스토랑에서 먹을 수 있던 요리였는데, 1950년대부터는 일반 가정으로 널리 보급되었다. 최근에는 다양한 카레 메이커의 등장과 손쉽게 데워서 먹을 수 있는 인스턴트 카레 상품의 출시 등으로 대중화된 서양요리 중의 하나이다.

돈카스와 카레라이스

양식은 150년 정도의 짧은 역사 속에서도 일본인들에게 대중적인 음식으로 자리를 잡았다. 생활에 있어서도 제2차 세계대전 이후부터는 식단의 서구화가 급속도로 진행되어 양식 레스토랑은 전국으로 확산되었다. 전쟁이 끝나고 식량난이 계속되어 고단백, 고칼로리인 양식이 각광을 받게 되었다. 외식에서 먹는 특별한 음식으로 여겨졌던 양식을 일반 가정에서도 먹을 수 있게 되었다. 일본에 전해진 서양 요리는 일본인에 의해 일본인을 위한 요리로 완전히 바뀌어갔고, 지금은 일본인들의 가장 대중적인 국민 음식으로 굳건히 자리를 잡았다.

2. 식사 문화

1) 개인 전용식기와 청결감

일본인들의 식사하는 모습은 한국인처럼 큰 상에 음식을 잔뜩 차려놓고 여러 사람이 함께 먹는 것이 아니라, 각자 자기 앞에 놓인 개인상 위의 보잘 것 없는 음식을 들고 있는 것을 볼 수 있다. 이와 같이 각자 따로 먹는 밥상을 메이메이젠(銘銘膳)이라 하는데, 지금도 각종 모임의 회식이나 결혼 피로연 등에서 흔히 볼 수 있다. 현재 일반 가정에서는 다리를 접을 수 있는 조금 큰 상(卓袱台, 차부다이)이나 현대식 식탁에 가족들이 함께 식사를 하는 것이 일반적이지만, 반찬을 포함한 음식은 기본적으로 각 개인별로 따로 마련된다. 즉 음식을 개인의 전용식기에 미리 나눠서 먹는다는 말이다. 그러니까 자연히 음식의 수가 많지 않으며, 일단 수저를 대었다 하면 남기지 말고 모두 먹어야 한다.

이러한 전용식기의 대표적인 예가 제2차 세계대전 이전가지만 해도 도시나 농촌에서 사용되었던 하코젠(箱膳)이다. 이것은 뚜껑이 달린 정방형의 상자 밥상으로, 상자 속 서랍에 밥공기와 접시, 젓가락 등의 식기가 들어 있다. 식사 때 뚜껑을 뒤집어 상자 위에 놓고 식기를 나열한다. 하코젠과 그 안에 있는 식기류는 각각 사용자가 정해져 있으며, 같은 가족끼리도 다른 사람의 것을 사용하지 않는다. 이들에게는 남이 사용함으로써 오염되어 부정한 것이 된다는 관념이 있었으며, 다른 사람의 입과 접촉하는 것을 가능한 한 피하려고 했다.

식사에 대한 일본인의 위생관을 알아볼 수 있는 또 하나의 예가 있는데, 바로 지정된 용도로만 쓸 수 있는 도리하시(取箸)라는 젓가락의 사용이다. 도리하시는 함께 먹기 위해 준비된 음식을 덜어서 먹기 위한 젓가락이다. 도리하시가 없다면, 자신의 젓가락을 거꾸로 하여 입에 닿지 않은 부분을 사용하여 음식을 덜어가야 한다. 개인별 식기사용은 일본인의 식사 관행에 있어서 특별한 청결감의 표현이라고 할 수 있다.

메이메이젠(銘銘膳)

2) 외식 문화

일본의 외식 문화는 에도 시대부터 발달하기 시작하여 메이지 시대까지 이어졌다. 특히 도쿄와 오사카 등의 대도시를 중심으로 발달했는데, 그 중 가장 간편한 것이 포장마차나 메밀국수 가게 등의 간이식당이나 다방에서 요깃거리를 하는 것이었다. 이것이 메이지 시대에 들어와서는 샐러리맨의 도시락을 대신해서 이용하였으며, 여행자들이 늘어남에 따라 점점 번창하게 되었다. 에도 시대에는 외식을 위한 전문요리점도 등장하여, 소바, 오뎅, 스시 등의 요리점이 생겨났으며, 메이지 시대 이후에는 서양요리와 중화요리, 향토요리 등을 전문으로 하는 요리점도 탄생하였다.

다이쇼 시대에는 도시의 대중이 증가하면서 대중음식점이 급격히 발달하게 되는데, 이들 음식점은 도시인의 기호에 맞는 다양한 메뉴를 갖추고 영업을 시작하였다. 그리고 연극의 막간에 먹을 수 있는 마

에키벤(駅弁)

쿠노우치 도시락(幕の内弁当)과 여행자들을 대상으로 파는 에키벤(駅弁)이 상당한 인기를 끌었다.

제2차 세계대전 중에는 외식 문화가 활력을 잃게 되었으며, 전후에는 젊은이들이 좋아하는 음료수를 제공하고 음악을 들려주는 스낵(スナック)이 학생과 젊은 노동자들에게 인기를 끌었다. 그리고 역 주변에는 싸고 간편한 식사를 제공하는 패스트푸드점이 직장인과 학생들에게 인기가 있었다. 점점 서민 생활에 여유가 생기면서 가족 단위의 외식이 늘어나 패밀리 레스토랑 산업이 활성화되었다.

일본인의 외식풍경

3) 한국과 일본의 식사문화 차이

일본인의 식사는 우리와 마찬가지로 기본적으로 밥과 국, 반찬 몇 가지로 이루어져 있다. 그러나 먹는 방법에는 큰 차이가 있다. 이는 밥그릇과 국그릇의 차이에서 비롯되는데, 한국에서는 그릇을 들고 먹는 것은 식사 예의에 어긋나나, 일본에서는 반대로 놓고 먹는 것이 비천한 행위가 된다. 얼마 전까지만 해도 한국에서는 주발이 대부분 놋그릇이었으며, 이것이 크고 무거운 데다가 뜨거운 국이나 밥을 담으면 열전도가 빨라 손으로 들 수가 없었다. 그래서 밥과 국을 숟가락으로 떠서 먹게 된 것이라고 생각한다. 일본에서는 반대로 주발이 모두 목제 그릇이나 도자기 그릇으로 작고 가벼우며, 열전도도 느려서 들고 먹기에 편하다.

일본 요리는 모두 젓가락을 사용해서 먹는다. 국물보다 건더기가 중심이어서 젓가락만으로도 충분하다. 또한 일본에서는 일단 젓가락을 댄 음식은 남기지 않으나 한국에서는 남겨도 무방하다. 옛날 한국의 양반집에서는 오히려 남기는 것이 하인을 위한 주인의 넉넉한 아량으로 통하기도 했다. 일본에서는 처음부터 적은 양의 밥과 국이 나오며, 더 먹을 경우에는 오카와리(おかわり, 추가)를 부탁하게 된다. 그리고 큰 그릇에 담긴 요리의 경우에도 함께 먹지 않고 각자 작은 도리자라(取り皿, 앞접시)에 덜어서 먹어야 한다.

한국에서는 국에 밥을 말아 먹는 것이 보통이나 일본에서는 남이 먹다 남은 것이나 자신의 것이라도 섞어서 먹는 것을 극히 싫어하는 것은 소재 본래의 맛과 모양을 즐기는 식사 습관에서 비롯되었다. 즉, 섞으면 재료 본래의 모양이나 색깔, 맛이 사라지며 여러 음식이 섞인 모양은 결코 보기에 아름답지 않다는 것이다.

풍부한 자연환경에 의해 우미노사치와 야마노사치가 넘치는 풍토에서 신선한 생선이나 야채를 가능한 한 본래의 맛을 살려서 먹기 위한 다양한 방법을 개발한 것도 우리와의 큰 차이라고 할 수 있다. 여러 종류의 예쁜 모양으로 담아낸 음식을 가능한 한 그 모양을 마지막까지 흐트러뜨리지 않고 먹는 젓가락 전용의 식사 문화가 형성된 것이다.

〈독해〉 일본어로 읽는 일본문화(6)

① 韓国人旅行客が日本で衝撃を受けた食べ物「世界のワントップだ」

2017年12月9日、北海道を旅行中という人物が、韓国のインターネット掲示板に日本でそのおいしさに衝撃を受けた食べ物についてつづった。韓国人が日本で食事をした場合、「ご飯と一緒に出てくるような料理なら韓国も種類が多いしクオリティーが高いから、評価はそれぞれの好みによるだろう」という投稿者。しかし、パンに限っては、日本と韓国では「勝負にならない」と断言する。

日本のそれは、「種類がものすごく豊富でクオリティーは最高。韓国のよりもはるかにおいしい」という。「さらに言えば、コンビニのパンでもパリバゲット(韓国の大手ベーカリーチェーン)よりおいしいから、一般のパン店は言うまでもない。パリバゲットが受けている韓国がとても残念なくらいだ」と絶賛は止まらず、「日本はパンの国のようだ」とまで表現した。

これには他の韓国人にも賛同の意見が多いようで、「日本のパンは感動だよね。駅の売店のパンですらおいしい」「日本に行って、パンばかり食べて帰ってくることもかなりある」「日本のベーカリーはアジアトップだね。コンビニのパンもすごい」といったコメントが寄せられ、「フランスにも行ったけど、パンは日本の方が上だと思う。パンとスイーツは日本が世界のワントップじゃないかな」との意見も。

また、投稿者が日本のパンのおいしさの理由として「乳製品の質が高いこと」を挙げたのに対し、「特に北海道の乳製品は世界一だと思う」「北海道のホテルで朝食に出た牛乳にカルチャーショックを受けた。こんな牛乳を使って作るものがまずくなるわけがないと思った」「温泉旅館の自動販売機で買った牛乳の味に衝撃を受けたよ」と賛同の意見が続々。

「韓国もだいぶ日本に追い付いたと思うけど」「韓国も最近はおいしいパン屋さんも多いよ」と、韓国ベーカリー業界の「成長」を認める声や、投稿者に対し「韓国のおいしいパン屋さんに行ったことがないみたいだね。本当においしい店もあるよ」と指摘する人もいたが、投稿者は「韓国はおいしい店を選ばないといけないけれど、日本はどこに行ってもまずい店が見つからないくらい。それこそがレベルの差だと思う」と返していた。

(『livedoor NEWS』http://news.livedoor.com/article/detail/14026808/)

② 常温でも長くもつように工夫したのが「保存食」

保存食とは、長期間にわたり常温で置いておいても食べられるようにした食品のことをいいます。日に干したり、あるいは塩を使ったりして水分を抜くことで保存性を高めたものです。保存中は冷蔵庫に入れることを前提とした干物や漬物なども、現代では広い意味で保存食と捉える向きもありますが、本義からすれば保存食は常温で保存できることがポイントです。

冷蔵技術のないころは、常温で長く食べられる保存食は日常生活の必需品でしたが、最近では「要冷蔵の保存食」もあります。例えば、塩分控えめの梅干しなどはそうです。

梅干しは塩分濃度20%だと雑菌が繁殖せず常温で長期保存できます。ところが塩分の摂りすぎが体によくないと、近ごろは塩分

10%以下の減塩梅干しが多くなりました。それには「要冷蔵」と書いてあります。

本来なら、長い年月どこに置いてあっても食べられるのが保存食なのですが、今は冷蔵庫に保管することによって、塩分濃度が低く水分が多く残っているような梅干しでも、雑菌の繁殖を抑えられるわけです。

漬物も減塩の要冷蔵が多くなっています。かつては塩分濃度が高く、7年くらい常温保存できるたくわんもありました。たくわんの場合、20日間ほど大根を天日干しし、ある程度水分を抜いてから塩をまぶして糠(ぬか)に漬けます。乾燥+塩蔵+発酵の合わせ技で保存性を高めたわけです。何ヵ月か置くと、ほどよい酸味が出て黄色っぽくなり、おいしいたくわんができあがります。今は、商品として流通しているものの多くは調味液に漬けて短時間で製造します。塩分濃度も低いから要冷蔵です。

塩分の過剰摂取は高血圧や脳出血の原因になるとされ、特に塩分摂取量の多い寒冷地では減塩運動が盛んになり健康増進が図られました。もちろんそれは悪いことではありません。塩分控えめの梅干しやたくわんができたのは冷蔵庫のおかげですが、冷蔵庫のなかった時代は、常温でも長期保存できる方法をさまざまに駆使しなければならなかったのです。

(『mizukan』http://www.mizu.gr.jp/kikanshi/no52/02.html)

③ 地域の食文化満載! 人気駅弁ベスト5

日本各地の郷土料理や、地元の名産品を食材にした駅弁には、旅先の「食」の魅力がぎっしり詰まっている。これまでに駅弁5000種類を食べたというトラベルライターの小林しのぶさんは駅弁の魅力と秘密を著書の中で語っている。

「日本の食材の豊富さは"世界一"だと思っています。そんな全国の豊富な食材をぎゅーっと凝縮してあるのが駅弁です。手のひらにのるほどの小さな箱の中に、十種類以上の食材と異なる調理法、味付けがなされたおかずがぎっしり詰まっている」(「この駅弁が旨い！」角川書店刊)

駅弁は、日本人にとって、地域と食を結びつける重要なキ－ワードだ。食情報サイト「ぐるなび」が2011年5月に人気駅弁ランキング調査を実施したところ、歴史が古く、全国的に名産品として知られる食材を使った駅弁が上位を占めた。調査によると、自分の居住する地域の駅弁に愛着を感じて投票する人が多かったが、人気上位に入った弁当は、土地のイメージと駅弁の名前が見事にマッチング。

第1位は三重県松阪駅の「牛肉弁当御膳（ぎゅうにくべんとうごぜん）」。その最大の理由は「松阪牛」のブランド力だ。おいしさは世界的に有名で、この駅弁を求めて海外からやってくる旅行者もいる。牛肉や珍しい魚介類など、料理店で食べれば高価な食材でも、駅弁ならどんなブランド牛肉もお手頃な価格で食べられる。この手軽さとおいしさが駅弁人気を支えている。

(『nippon.com』 https://www.nippon.com/ja/views/b00203/)

④ 明治時代の食事の文化は？庶民や農民はどんな食事をしていた？

明治時代といえば「文明開化」で知られているように、日本が大きく発展した時代であり食事もそれに伴って大きく発展していきました。そんな明治時代にはどのような食事が食べられていたのかをご紹介していきます。

「文明開化」のフレーズが有名な明治時代ですが、生活が発展していく中で食事はどのようなものだったのでしょうか。明治時代から始まった今なお人気の食事も多数あるようですよ。

今回は、明治時代の食事を学んで現代と比べてみましょう。

西洋文化が積極的に取り入れられるよにになり、西洋の食事が少しずつ日本に入ってくるようになった中で明治時代を象徴する食事の一つに牛鍋があります。

牛鍋の発端となったのは、明治天皇が滋養強壮のためにお肉を食べたことが、世間一般に大きな影響を与えたと言われているそうです。牛肉が広く食べ始められたのも明治時代からで、文明開化のシンボルともされていたようです。つまり世間には「文明人は牛肉を食べるべきだ」というような考えが広まっていたようです。

現代のすき焼きの元となる牛鍋でしたが、当時の牛肉は薄切りではなくぶつ切りでとても分厚い牛肉料理だったそうです。文明開化の象徴とはいっても、高級な食事だったので一部の人々しか当時は食べられなかったそうです。現代のすき焼きに限りなく近いのが牛鍋です。なので、明治時代の食事といえど実際に現代で再現するのもそう難しくはありません。すき焼きの元である明治時代の牛鍋の牛肉はぶつ切りという事は、さきほど少し触れましたがこれには理由があったようで「単純に牛肉を薄く切るのが面倒だった」ことからこうなっていると言われています。ちなみに、お客さんは厚切りのお肉に喜びを見せていたそうですが。

つまり、現代のすき焼きと違うところはお肉の厚さということなので、明治時代の食事を再現したいのであればすき焼きのお肉ぶつ切りバージョンを作ってみましょう。

注意点としては、現代のすき焼きには様々な具材が使われていますが、明治時代の牛鍋はネギとお肉のみだったようなので、忠実に再現したいのであれば、この通りに作ってみるのも良いかもしれませんね。

現代でもなお人気を誇るあんぱんですが、実は発祥は明治時代と言われています。なぜ、あんぱんが明治時代発祥の食事とされているのかというと、明治天皇への献上品としてあんぱんが献上されたことが大きな影響であったようです。

今なお、銀座木村屋のあんぱんはとても有名ですが、明治天皇に当時献上をしたのはこの木村屋の初代当主だったそうです。この献上品としてのあんぱんが明治天皇にとても好評だったそうで、ここから世間へも広がっていったそうですよ。

ちなみに、明治天皇にあんぱんが献上されたのは4月4日ですが、この日は「あんぱんの日」に制定されているのが豆知識です。

先ほど牛鍋は高級な食事であったことは触れましたが、高級な食事を食べることが難しかった庶民の食事は明治時代ではどのようなものだったのでしょうか。

当時の明治時代の日本の一般的な家庭では生活様式が座式(床にすわる)というスタイルでした。つまりは椅子に座って食べるという外国の食事文化を素直に受け入れることは難しかったようです。ならびに西洋の食事は材料が高いために値段も当然高いということから明治初期は庶民にはあまり普及しなかったようです。

特に明治時代初期は西洋料理は庶民にとってまだまだ程遠いものであったので、農民などの庶民は比較的質素な食事が多かったようです。

明治時代は、庶民の食事は三食ありましたが朝はご飯と味噌汁にそして漬物のシンプルな感じが多かったようです。そしてお昼にはご飯と漬物でお茶(湯)漬けを作ったりしていたと言われています。 最後の夜ご飯ですが、ご飯と味噌汁に野菜の煮付けなどが出てきたそうです。これらが毎日同じ感じで食べられていたのが標準的だったようですね。

つまり、レシピを考えるなんてほどのこともほとんどなかったのでしょうね。ちなみにですが、関東と関西には微妙に違いがあったそうで、お米をいつ炊くのかや味噌汁は飲む·飲まないだったり、納豆がいるか·いらないかなどの差が存在していたと言われています。

(『終活ねっと』https://syukatsulabo.jp/article/4004)

제7장 일본의 주거문화

1. 주거문화와 환경

1) 자연환경과의 관계

일본의 주택과 주거문화를 이해하기 위해서는 일본의 기후 조건을 알아야 한다. 특히, 일본 열도는 남부와 북부의 기후차가 크므로 일본의 주거 공간은 지역의 기후와 밀접하게 관련된다. 남부지방의 기후는 고온 다습하기 때문에 주택에서 난방 방식이 그리 발달하지 않았다. 이에 반해 북부지방의 주택에서는 고타쓰(炬燵)나 이로리(囲炉裏) 등의 난방 기구를 사용하며 스토브 등의 전열 기구도 활용하고 있다.

기후현(岐阜縣) 시라카와고(白川鄉)의 갓쇼즈쿠리(合掌造り)

일본은 고온 다습한 기후적 특성을 고려하여 겨울철보다도 여름철의 온도와 습도의 조절이 중요하므로 개방적인 구택 구조를 갖는 여름형 주택으로 지어지는 것이 특징이다. 이러한 여름형 주택 구조는 목조 주택이기 때문에 프라이버시를 확보하기 위해서는 주거 영역을 외부와 차단하는 높은 담과 울타리를 사용하기도 한다.

그리고 겨울철에는 강설량이 상당히 많다. 일본해 쪽의 산간지방은 매년 3m 이상의 강설량을 기록할 정도이다. 지붕에 눈이 쌓이지 않고 잘 흘러내리도록 지붕의 경사를 급하게 할 필요가 있다. 이러한 이유에서 기후현(岐阜縣)의 시라카와고(白川郷) 집락촌, 도야마현(富山県)의 고카야마(五箇山) 집락촌 등 산지의 주택은 경사가 급한 지붕 형식인 갓쇼즈쿠리(合掌造り)의 주택 구조를 하고 있다.

2) 일본 주택의 특징

일본의 건물들은 높지 않으며 목조건물이 많다. 이것은 일본의 가장 큰 자연재해인 지진 때문이라고 할 수 있는데, 콘크리트 건물보다 목조 건물이 흔들림에 훨씬 강하기 때문이다. 그러므로 지진이 많이 일어나는 일본에서 자연스럽게 높지 않은 목조건물이 지어졌을 것이다. 그러나 목조건물이 오히려 화재에는 취약하다는 단점도 있다. 1995년 한신대지진 때 6천 명 정도의 사망자를 낸 것도 목조건물의 화재가 큰 원인이었다고 한다. 게다가 목조건물은 방음이 잘 되지 않는다는 문제점도 있다.

주택 구조는 지역에 따라 다양한 형태를 나타내는데, 눈이 많이 내리는 지방의 주거 형태와 고온다습한 아열대 기후 지방의 주거 형태는 뚜렷한 차이를 보이고 있다. 눈이 많이 내리는 지역에서는 현관 입구의 공간을 넓게 만들기도 하고 추위를 막기 위해서 이중으로 출입문을 설치하기도 한다. 또한 지붕의 경사도를 급하게 만들어 눈이 쌓이지 않도록 한다. 고온다습한 태평양 연안 지역의 경우에는 비바람을 막기 위해서 유리 창문의 밖에 아마도(雨戸)라는 덧문을 설치하기도 한다.

3) 현대 일본의 주택

일본의 단독주택은 목조가 많고, 보통 1층이나 2층으로 되어 있다. 목조는 화재에 약하지만, 통풍이 잘 되기 때문에 고온다습한 일본의 기후에 적합하다. 그러나 최근에는 콘크리트나 철골조의 주택이 늘어나고 있으며 주택의 형태도 서양식으로 바뀌어가는 추세에 있다.

한국에 온돌을 사용한 난방이 있다면 일본에는 다타미(畳)와 고타쓰(炬燵)를 사용한 난방 방법이 있다. 다타미는 일본의 주택생활에 있어서 가장 큰 특징이다. 그리고 한국에서는 평수로 방의 크기를 말한다면, 일본은 바닥에 깔린 다타미의 수로 방의 크기를 말한다. 일본의 다타미 문화가 형성된 된 것은 나름의 이유가 있다. 우선, 다타미는 습기나 냉기 조절에 아주 뛰어나기 때문이다. 다타미는 습기가 많은 여름철에 습기를 빨아들이고 겨울철에는 방바닥이 차가워지는 것을 막아주는 기능을 한다.

고타쓰는 일본에서 스토브 등의 전열기구와 함께 대부분의 주택에서 사용하는 난방도구라 할 수 있다. 낮은 책상 같이 생긴 곳에 적외선 등을 달고 이불을 덮은 뒤 이불 위에 판을 덮고서 그 아래에 발을 넣어 몸을 따뜻하게 하는 도구이다. 고타쓰는 가족들이 둘러 앉아 식탁이나 책상 등으로 다양하게 사용할 수 있는 공동의 생활공간이라 할 수 있다.

도코노마(床の間)는 그림이나 꽃꽂이를 감상하기 위해 다다미방 벽면에 만들어둔 공간을 말한다. 방바닥을 약간 높여 벽에 족자를 걸고, 그 앞에 화병이나 장식품을 올려놓는다. 오시이레(押し入れ)는 다타미방의 한 면에 있는 붙박이 벽장을 말한다. 후스마(襖)는 가느다란 나무틀을 짜서 양면에 두껍고 튼튼한 종이나 헝겊을 바른 문을 가리킨다. 종이 자체가 아름답고 방과 방 사이를 구분하거나 오시이레의 문으로 사용된다.

보통 가정에서는 목욕탕과 화장실이 따로따로 분리되어 있다. 먼저 발판이 깔린 씻는 곳(洗い場)에서 몸을 씻는다. 가족 전원이 한번 데운 목욕물(お湯)을 차례차례 사용한다. 가스로 물을 데울 때에는 욕조 위의 뚜껑을 덮고서 데우며, 다음 날 다시 사용하고 싶은 때에도 플라스틱이나 나무판으로 된 뚜껑을 덮는다.

고타쓰(炬燵), 도코노마(床の間)

2. 일본의 서민주택

1) DK(다이닝 키친)의 탄생

1955년 이후 일본 최대의 도시 도쿄로 인구가 유입되면서 주택의 수요가 상승하였다. 이와 더불어 제2차 세계대전 이후의 열악한 주택 환경을 개선하기 위하여 1955년에 일본주택공단을 발족하였다. 전후의 새로운 주택건설의 임무를 맡은 일본주택공단은 최소한의 주택 기준으로, 1940년의 전시 체제에서 제기된 기준을 참고하여 부부와 어린이의 별도 침실을 확보하고 식사를 하는 방과 침실을 분리하도록 하는 원칙을 정했다. 이 원칙을 충족시키기 위해서는 최저 두 개의 방과 식사용 공간이 필요했다. 그러나 주어진 13평(약 43㎡)의 규모로 6조(畳)와 4.5조의 두 개의 침실을 확보하고 침식을 분리하기 위해서는 키친을 약간 넓혀서 식사할 공간을 만들어야 했다.

이렇게 해서 생겨난 것이 DK(다이닝 키친)이다. DK는 서양의 주택에는 없는 발상이며, 당시 일본주택공단이 명명한 일본식 영어이다. 60년대 이후부터 일본주택공단 주택은 2LDK(리빙 다이닝 키친)나 3DK가 일반화되어 가지만, 2DK라는 기본에 가족 개개인의 사적공간을 더 늘여 가는 LDK라는 발상이 집단주택만이 아니라 개별주택에 있어서도 이후의 주택건설에 있어서 가장 중요한 부분이었다. 일본주택공단의 고육지책이었던 DK는 제2차 세계대전 이후 일본의 주택건설에 있어서 가장 획기적인 결실이었다.

2DK가 요구하는 현대식 생활은 부모와의 동거를 기피하는 젊은 신혼부부에게는 절대적인 조건이었다. 공단은 교외의 논 한가운데에

단지를 건설할 때에도 커뮤니티의 환경을 가능한 한 정비하려고 하였다. 상점이나 의료기관, 교통편을 확보함과 동시에 단지 내에 집합소를 설립하여 단지에 사는 사람들끼리의 교류나 자치활동을 촉진했다. 집회실에서는 자주적인 육아활동이 행해진다든지, 유아 교실이나 아동도서관이 설립되기도 하였다. 비교적 녹지가 많은 자연환경으로, 도시 부근에서 아이를 기르기에는 최고의 환경이었다.

2) 일본주택의 구조

일본의 주택은 지난 100년간 많이 변화하였으나 지방에 가면 여전히 전통 주택을 볼 수 있다. 이 전통 가옥은 경사진 지붕에, 목재와 점토로 되어 있다. 일본의 여름은 덮고 습기가 많으므로 환기가 잘 되도록 집을 짓는다. 방에는 일반적으로 후스마가 있다. 이 문을 트면 두 개의 작은 방을 큰방으로 쓸 수도 있다. 전통 가옥에서 현관, 복도 및 부엌 바닥은 다타미이다. 그러나 오늘날에는 하나 정도가 다타미 방일 뿐, 대부분의 주택이나 아파트 바닥재로는 니스 칠로 마감한 나무나 카펫을 사용하고 있다. 집에 들어갈 때는 신발을 벗고 슬리퍼를 신는다. 다타미 방에는 복도에서 슬리퍼를 벗고 들어간다.

오늘날 대다수의 주택은 현대식으로 짓는다. 현대 주택은 주로 철강, 콘크리트 및 목재로 건축되어 있다. 특히 도시는 주택 부지가 부족하므로 집값이 비싸고 규모가 작다.

대다수 중산층 일본인들은 침실 두 개, 거실 하나, 부엌 하나인 2LDK에 살고 있다. 그러나 가전제품은 세계 제일의 수준이다. 맞벌이 부부가 늘어나는 일본에서 가정 취사에서부터 세탁, 청소에 이르

일본의
여름형 주택
모습

기까지 기계에 의존할 수밖에 없는 현상이 가전제품의 보급을 늘리는데 일조하고 있다.

겨울에 몹시 추운 홋카이도를 제외하고는 일반적으로 중앙난방 시설이 흔치 않다. 나머지 지역은 사람이 방에 있는 경우에만 난방을 하는 것이 일반적이다. 방을 따뜻하게 유지하는 전통적이고도 실용적인 방법으로 아래 부분에 특별 전열 기구를 장착하고 이불을 덮은 작은 탁자인 고타쓰를 사용한다.

일본의 고타쓰는 전통적인 난방 기구였다. 옛날에는 작은 용기에 숯불을 담고, 그 위에 나무로 만든 틀을 설치해 이불을 덮어서 사용했기 때문에 위험한 요소도 있었지만 지금은 숯불대신에 전기를 사용한다. 이불 아래 발을 넣어 따뜻하게 하는 방법이므로 작은 열원으로 보온기능을 유지하기 때문에 매우 경제적이다. 여기에 설치된 나무틀을 야구라(櫓)라고 하며, 이불 위에 네모난 판자를 놓아서 식사를 하거나 책상으로 사용하기도 한다. 물론 현대적인 난방 장치도 많이 있다. 전기 스토브 등의 작은 전열기를 쉽게 구입할 수 있으며, 대부분의 에어컨은 난방과 냉방을 겸할 수 있게 되어 있다.

일본 주택에는 화장실과 별도로 욕실이 배치되어 있다. 직사각형의 욕조에 온수를 채운다. 욕조에 들어가기 전, 욕조 옆의 작은 의자에 앉아 비누로 몸을 깨끗이 씻고 헹군다. 각각 몸을 깨끗이 하여 욕조에 들어가므로, 전 가족이 같은 욕조의 물을 사용할 수 있다.

3) 임대주택

일본 도심의 경우 집값이 너무 비싸서 평범한 회사원에게 주택 소유의 꿈은 이루기가 그리 쉬운 일이 아니다. 따라서 보통 집을 빌리게 되는데 한국과 같은 전세는 거의 찾아 볼 수 없고 월세가 일반적이다. 또 아파트와 일반 맨션의 개념이 한국과는 조금 다른데, 기본적인 구조는 비슷하지만 대개 2층 건물까지를 아파트라 하고, 3층 이상의 건물을 맨션이라 한다.

도쿄에서는 2DK(방2, 거실, 식당)인 아파트의 경우, 한 달에 집세가 약 10만 엔 정도이고 맨션은 12만 6천 엔이며 3DK는 16만 엔 정도이다. 일본에서 집을 임대할 때는 레이킨(礼金, 사례금), 시키킨(敷金, 보증금), 야친(家賃, 월세)이 기본이고 여기에 부동산 중개료와 보증인도 필요하다. 계약이 끝나고 돌려받을 수 있는 돈은 시키킨이지만, 시키킨은 주택 수리, 보수 등의 변상이 필요한 경우에 그 수리비를 제외한 나머지를 돌려받을 수 있다.

그런데, 2000년 이후 거주자들의 라이프 스타일에 맞춘 새로운 임대주택이 등장하고 있다. 애완동물과 함께 사는 것을 전제로 설계된 애완동물 공생형 맨션(ペット共生型マンション), 오토바이를 타는 거주

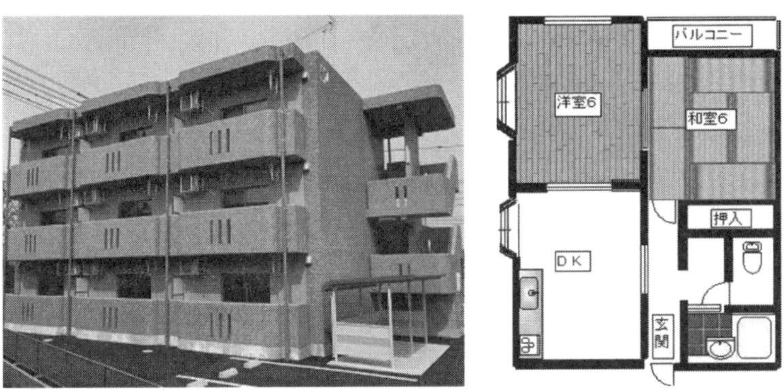

일본의 맨션 모습

오쿠타마(奥多摩)와
가쓰우라시(勝浦市)의
빈집 모습

자를 위한 라이더즈 맨션(ライダーズマンション), 방범에 중점을 둔 여성 전용 맨션(女性専用マンション) 등은 대부분 도시에서 독신으로 사는 사람들의 라이프 스타일에 맞추어 운영되는 임대 맨션이다.

일본의 공동 주택은 지진이나 화재 등의 재난이 발생했을 때 출입구로 대피하기 어려운 상황에 대비해서 베란다를 통해 대피할 수 있도록 오픈되어 있다. 유사시에 간단하게 제거하고 옆집으로 대피할 수 있도록 가구와 가구 사이에 설치된 경계 구조물은 약한 재질로 만들어져 있다.

4) 일본의 빈집 문제

일본 기초자치단체인 오쿠타마(奥多摩)는 도쿄도에서 대표적으로 인구가 적은 산간지역이다. 면적이 225㎢로 도쿄도에서 가장 넓은 지역이지만 인구는 매우 적은 편이다. 인구의 거의 절반이 65세 이상이다. 빈집은 고령자 사망 등으로 갈수록 늘어나고 있다.

오쿠타마는 빈집을 활용해 젊은 전입자를 늘리려는 다양한 대책을 마련하고 있다. 인터넷 홈페이지를 통해서 임대·매매 대상의 빈집 정보를 공개해 외지인과 연결해주고 입주자들에게 다양한 지원책을 마련하고 있다.

일본에서는 최근 저출산과 고령화 문제, 그리고 지방 쇠락을 상징하는 빈집 문제 해결을 위한 다양한 대책이 나오고 있다. 약 800만 명의 전후 베이비 붐 세대 사망률이 올라가는 2020년부터는 매년 20~30만 채의 빈집이 생길 것이라고 한다.

수도권의 다른 지역도 예외가 아니다. 도쿄도와 인근 6개현의 기초

단체 가운데 빈집 비율이 15%를 넘는 곳이 65곳이나 된다고 한다. 지바현 가쓰우라시(勝浦市)의 빈집 비율은 40%에 가깝다고 한다.

교외 지역의 빈집 급증과 고령자의 도심 회귀 현상은 일본 경제의 빛과 어둠을 상징한다. 전후부터 고도 성장기에 걸쳐 살 곳이 부족했던 일본에서는 단독주택이나 맨션이 대량 공급됐다. 도쿄에서 일하기 위해 많은 사람이 지방에서 모여들었고, 1967년 새로 공급된 주택만 100만 가구를 넘었다. 제1차 오일쇼크 시기를 제외하고 일본에서는 일관되게 지가가 상승했다. 이것이 토지신화를 만들어 마이 홈에 대한 희망이 부풀대로 부풀었다. 버블기까지 이어진 지가 상승으로 주택 개발은 수도권으로 확산됐다. 뉴타운 개발이 점차 교외 지역까지 퍼져나갔다.

세월이 지나온 현재 교외 지역의 지가는 계속해서 하락하고 지은 지 20~30년이 넘은 건물은 평가액이 거의 제로에 가깝기 때문에 매각하면 오히려 손해라고 한다. 나이든 부모가 양호시설에 들어가게 되면, 방치된 주택은 곧바로 빈집이 된다. 집을 철거하면 비용이 발생하고, 가족 누군가 상속을 받는 것도 어려운 형편이다. 지금 교외에 있는 주택을 다른 것으로 바꿔 활용하지 않으면 빈집 비율은 지금의 15% 수준에서 2033년에는 일본 전국의 빈집 비율이 30%가 넘을 것이라고 한다.

이러한 빈집 문제를 해결하기 위한 다양한 시도가 있었던 바, 1998년 일본 시코쿠 가가와현의 작은 섬 나오시마(直島)에서 빈집 재생 프로젝트가 처음 시작되었다. 나오시마의 빈집 7채가 건축가와 예술가들의 손길에 의해 현대작품으로 재탄생하였고, 인근의 섬 이누지마(犬島)에서도 같은 프로젝트가 진행되었다. 그곳에서도 5채의 빈집들이 갤러리 겸 거대한 예술작품으로 변신에 성공했다. 현재 나오시마와 이누지마 섬은 전 세계에서 찾아온 관광객들의 발길이 끊이지 않고 있다.

두 섬에서 진행된 빈집 재생 프로젝트는 빈집에 예술을 접목한 대표적 성공사례로 꼽힌다. 1998년에 시작한 나오시마 빈집 재생 프로젝트는 2009년 작업을 끝으로 총 7채의 빈집을 현대작품으로 재탄생시켰다. 각각의 집은 거대한 작품인 동시에 갤러리가 되었고, 과거 빈집이 무성했던 어촌은 빈집 재생 프로젝트를 통해 예술 마을로 탈바꿈하게 되었다. 그리고 잊혀져 가던 이누지마 섬은 마찬가지로 지역의 새로운 명물로 다시 태어났다. 버려진 제련소는 미술관이 되었고, 5채의 빈집이 현대 예술 작품으로 변신하게 되었다.

폐기물이 가득 쌓인 섬을 예술의 낙원으로 탈바꿈한 나오시마와 이누지마 섬은 인근 데시마(豊島), 쇼도시마(小豆島) 섬 등 주변의 여러 섬들과 더불어서 세토우치(瀬戸内) 국제 예술제를 개최하고 있으며, 문화예술의 낙원으로 도약하기 위한 발전은 계속되고 있다.

나오시마

이누지마

쇼도시마

〈독해〉 일본어로 읽는 일본문화(7)

① 外国人が思う日本の住まいの問題点は? -「とても寒い」「家族を大切に」

私たちが日々を暮らす住環境は、だいたいにおいて「それがフツー」になっているもの。普段、私たちは住宅に設置されている物を「すごくいい」と思ったり、逆に「イマイチ」と感じたりすることもなく過ごしているだろう。しかし、海外旅行をしてみると、ホテルなどで「なんでコレがないんだ」とか、「意味不明なものが備わっている」と思うことも多いはず。

それでは逆に、海外から日本にやってきた人たちは、日本の住環境についてどう思っているのだろうか。今回は、「自国のコレを日本の住まいに導入してほしい」や「こうだったらいいのに」という点を、日本在住の外国人20人に聞いてみた。

「床暖房が完全に普及すればいいです。冬、日本の家はとても寒いです」(フランス/30代前半/男性)

「強いて言えば、集中暖房装置・セントラルヒーティングがあったらいいです。冬場は暖房に頼るしかないので、母国に比べて非常に寒いと感じます」(イタリア/30代前半/男性)

「住まいが一般的にもっと広かったらいろいろと便利なのになぁとよく思ったりします」(ウクライナ/30代前半/男性)

「(エアコンなどが)後付けのような感じです。エアコンにしても、クローゼットにしても部屋を狭く感じさせます。天井がもう少し高ければ窮屈感も感じないはずです。タイは天井が高いのが一般的

ですから」(タイ/30代前半/男性)

「私はマンションに住んでいるので、マンションに対しての意見ですが、日本のマンションの間取りタイプは大半が同じです(長い廊下に両サイドが部屋)。元々狭いのに、廊下の面積がもったいないと思います。もっとバリエーションを増やした方がいいと思います」(中国/30代中半/男性)

「もちろん、日本の住まいがもうちょっと広かったらいいと思います。あと、冬の季節に対してエアコンだけじゃなくて、暖房があったら最高」(モンゴル/30代前半/男性)

(『マイナビニュース』https://news.mynavi.jp/article/20160911-a005/)

② 東京の空き家バンク どこで行われている?

皆さんは『空き家バンク』という言葉を聞いたことがありますか？以前、空き家問題を解決する方法の一つとしてご紹介しましたが、空き家を持っている人が移住などで安く住める家を探している方に対して、物件を紹介するシステムが空き家バンクです。

ここ数年は、多くの自治体で空き家バンクの取り組みが行われていて、実は東京でもいくつかの自治体が行っているんですよ。「あんなにたくさんの人が住んでいる東京で空き家バンク？」と、ピンと来ない人もいるかもしれません。

今回は、東京で空き家バンクを行っている自治体と、その内容をご紹介します！

2018年2月1日現在、東京都の人口は1,300万人以上となっていて、その数は堂々の全国1位です。

政治や経済など、あらゆる面で日本の中心として機能している大都会であり、これだけの人が住んでいる東京で空き家バンクが行われているのは、ちょっと想像つかないかもしれません。

しかし、東京都西部の奥多摩と呼ばれる地域や離島では、人口の過疎化で空き家が目立つようになっているところもあるのです。

「このままだとさらに空き家が増え、いつかはゴーストタウン状態になってしまうかもしれない…」

そういった不安を取り除き、田舎への移住希望者に対して格安で空き家を提供することで、人口増加と空き家解消を目指す自治体が増えつつあるのです。

(『全国空き家管理ナビ』http://akiya-kanri.biz/column/id_103488/)

③ 日本人はこうして夏を乗り切ってきた。木造建築の知恵と工夫

暑い日が続いています。オフィス内ではもちろん、休日もエアコンの効いた涼しい室内にこもってしまっている人もいるのではないでしょうか。最近では外に出ると熱中症の危険があり、時には天気予報で「できるだけ家にいるように」と呼び掛けられることもあるくらいです。

エアコンがないとやり過ごせない暑い夏。エアコンや扇風機もない時代の人々は、どうやって暑さ対策や湿気対策をし、夏を乗り切っていたのでしょうか。今回は夏を少しでも快適に過ごすために昔の日本人が木造住宅に込めた工夫について、調べてみました。

木造家屋は涼しい？日本では家と言えば木造、という感覚が根付いています。縄文時代の竪穴住居から、鉄筋コンクリート造や鉄骨造が普及するまでの間ほとんどの建物は木で建てられていたと言えるでしょう。国土のほとんどが森林に囲まれた日本だからこ

そ、木造文化が育まれてきたのかもしれません。

昔から日本人は木でできた家に住んできたのです。田舎のおばあちゃんの家やお寺や神社など、木造建築の中はひんやりとして涼しい、というイメージがありますよね。日本家屋は夏を快適に過ごすために設計されていると言われています。私たちの身近にある木造住宅には、夏をしのぐための数々の工夫が凝らされているのです。

(『木で立ててみよう』https://kidetatetemiyou.com/article21.html)

④ 無関心ではいられない!? 地球の環境問題に取り組んでみよう。

あなたは、環境問題について考えたことはありますか？

いま、世界のあちこちで気温や海の水位が上がっています。干ばつや集中豪雨・洪水などの異常気象・自然災害の増加、食料・水不足などが次々と報告されています。

プラスチックやビニールを不完全燃焼させると、ダイオキシンという猛毒が発生します。洗剤、農薬などの汚染物質を流す、温室効果ガスを大量に排出する、ゴミがどんどん増える…。人間がいろんなものをたくさんつくって、たくさん使って、たくさん捨て続けた結果、いま地球にはとっても負担がかかっているんです。

一度汚してしまった自然を元通りにするのはとっても難しいこと。美しい自然を残して、人類が生きていくために、環境問題は途上国も含めて世界のみんなで一丸となって取り組んでいかなければなりません。

地球を汚す、主な原因って？

〈地球温暖化〉簡単にご説明すると、熱を吸収する温室効果ガスの濃度が高くなって、地球全体で気温が上がっていくのが地球温暖化問題です。地球温暖化は、海面が上がっていったり異常気象が増えたり、農作物があまり取れなくなったり、マラリア、デング熱が広がったりすると言われていて、特に、世界中で農作物が減っていくと、食べ物の多くを輸入に頼っている日本は輸入ができなくなってしまうので食糧不足になってしまいます。また海面が1m上昇すると、東京・大阪の沿岸部が水没する危険性があり、気温の上昇によって熱中症にかかる人が増えたり、マラリアになってしまったりといった健康被害も心配されています。

〈酸性雨〉酸性雨は、石油などを燃やすことによって、強い酸性の雨や霧が降ってくる現象です。500~1,000km離れた地域にも影響するので、国境を越えた広い範囲で問題になっています。酸性雨によって、湖や川などが酸性化してしまうと、そこに住む魚は死んでしまいます。土が酸性化すれば木が枯れます。大理石や金属でつくられている建物にも影響が出てきます。

〈海洋汚染〉すべての汚染物質は川などから最終的に海に運ばれて、海洋汚染になります。海洋汚染の原因として挙げられるのは、化学物質汚染、油汚染、プラスチックゴミなど。また、海の栄養素が多すぎたり、水温が上がったりするとプランクトンが異常発生して赤潮の原因になります。

〈廃棄物、化学物質汚染〉経済が発展していくことで、工場などから化学物質や廃棄物が大量に生み出されます。廃棄物は、ゴミ処理場に集められ手間と時間をかけて処理されていて、ゴミが増えるとゴミ処理場からでるCO2の量が増え、地球温暖化が加速してしまいます。また、私たちの暮らしを便利にする、食品の保存料、医薬品、洗剤や化粧品、農薬、堆肥などの化学物質…このなかには、自然の中で分解されにくいものや蓄積されやすいものがあり、人の健康や生態系に悪影響を与える可能性があります。

環境汚染のほとんどは、普段の生活では目に見えず、実感できないかもしれません。けれど、地球はどんどん、汚れています。きれいな空気、水、自然を大切にするために、まずは身の回りでできることを少しずつ始めてみることを、してみませんか？

(『なんとかしなきゃ』http://nantokashinakya.jp/sekatopix/article003/)

제8장 일본인의 관혼상제

1. 성인식

일본에서는 성인이 되었음을 축하하는 의식이 아주 오래 전부터 있었는데, 성인이 되었음을 알리는 통과의례로서 남성에게는 겐푸쿠(元服) 의식과 훈도시 축제(褌祝)가 있었고, 여성에게는 모기(裳着) 의식과 머리를 올리는 유가미(結髮) 의식이 있었다. 일본은 1948년에 매년 1월 15일을 성인의 날로 제정하였으나, 2000년부터 1월 둘째 주 월요일로 변경하였다.

성인식은 각 지방단체가 주최하며, 체육관이나 문화센터 등의 공간에서 성대하게 개최된다. 여성은 후리소데라는 일본 전통 의상을 입고, 헤어스타일은 유가미가 보편적이다. 전통의상은 실제 구매하거나 대여점에서 빌린다. 일본은 성인이 되면 더 이상 품 안의 자식이 아니라는 의

일본의 성인식

식이 강하다. 그러므로 인생 최고의 날, 자녀에게 해 주는 마지막 선물의 의미로 고가의 의상을 구입하는 경우도 많다. 남성은 정장이나 하오리 · 하카마를 입는데, 하오리 · 하카마는 대부분 대여점에서 빌려입게 된다.

2. 결혼식

일본의 결혼식은 일본인의 통과의례 중에서 가장 중요한 부분이다. 관공서에 혼인서류를 제출하면 새로운 호적이 만들어지면서 공식적으로 혼인이 성립하게 된다. 혼인신고가 완료되면 여성은 자신의 성을 그대로 쓰는 것이 아니라, 남성의 성을 따라 쓰는 관습이 있다.

일본에서는 아직도 사회적으로 공식적인 인지를 얻기 위해서 비싼 의상을 착용하거나 성대한 피로연을 동반하는 값비싼 일본의 결혼식 문화가 존재한다. 그러나 최근 들어서는 많이 축소된 형태로 이루어지고 있으며, 일본의 결혼식 문화도 점점 변화하고 있다.

일본의 전통 결혼식의 형태는 메이지 시대에 확립되었으며 지역에 따라서 차이가 있지만, 결혼식 날짜는 일본의 점성술을 토대로 길일을 잡는다. 전통적인 일본 결혼의식은 식 전날부터 시작되는데, 신부는 이날 신사나 절에 참배를 하고 부모님을 비롯해 가까운 사람들과 송별 연회를 연다.

결혼식 당일의 예식은 주로 신랑 집에서 거행되며 신부가 신랑 집으로 가기 위해 집을 나설 때 정식으로 흰 옷차림을 입는데, 이때 흰색은 부모와의 출생의 인연이 소멸된다는 의미를 지니고 있다. 일본의 전통 혼례는 과거에 많이 이루어졌으며, 현대에 들어서는 결혼식

일본의 결혼식

문화가 서양의 영향을 많이 바뀌고 있다. 주로 집에서 하던 일본의 전통 결혼식 문화와 달리 신사나 절로 바뀌었으며 최근에는 호텔이나 레스토랑, 교회에서 기독교 예식을 하는 경우가 늘어나고 있다.

결혼식에 참석하는 하객들은 대부분 가까운 지인들만 모여 연회를 갖게 되며 하객들도 턱시도와 드레스를 입은 하객들이 대부분이다. 시대의 흐름에 더불어 개성적인 결혼식도 서서히 늘어나고 있다.

3. 장례식

일본은 본인의 종교와 관계없이 장례식은 불교식이 압도적으로 많다. 다른 종교 스타일로 장례식을 치르더라도 화장(火葬)을 하는 경우가 대부분이다. 화장을 포함해 장례 절차가 거의 불교식으로 이루어진다.

장례식을 불교식으로 치르기 시작한 것은 에도 시대부터라고 한다. 에도 막부의 종교 통제에 의해서 불교사원은 세속적인 권력적 지배의 말단 기구로서 편입되어 갔기 때문에, 불교 세력은 그 본래의 종교성을 잃고

장의(葬儀)와 공양(供養)의 의식 수행자로서의 종교라는 성격이 강했다.

임종을 알리는 범위는 일반적으로 가족, 친족, 우인, 지인, 직장 동료 등이며 여기서 친족의 범위는 일본의 민법상 6촌 이내의 혈족, 배우자 그리고 3촌 이내의 처가친척을 말한다. 사람이 죽으면 '불행한 일이 일어났다'는 것을 알리기 위하여 현관 밖에 '기추(忌中)'라는 문구를 써 붙인다.

친척이나 우인, 지인 중에서 세와닝(世話人)을 정하고, 이들 세와닝에게 회계와 접수, 잡무 등의 역할을 맡긴다. 그리고 세와닝 내표는 장례의 모든 진행을 유족과 협의하여 의식 방법, 예산, 진행 등을 정한 후 업체와 협의하여 추진한다.

쓰야(通夜)는 시신을 매장하기 전에 평소에 고인과 친분이 있었던 사람들이 고인의 명복을 비는 의식으로 옛날에는 시신을 짐승들로부터 지키기 위해 자지 않고 옆에 같이 앉아 지키던 풍습이었다고 한다.

고별식은 오전 10시부터 오후 3시 사이에 행하는 것이 일반적이며, 고별식에 참석하지 못할 경우에는 쓰야 때 미리 조문을 하면 된다. 고별식이 끝나면 관이 나가게 되고 화장터(火葬場)로 고인의 시신을 영

일본의 장례식

구차로 운반하게 된다. 고별식은 절이나 교회, 장례식장에서 행하는 경우가 많다.

조문객이 방문하는 시간이 정해져 있기 때문에 문상을 하려면 시간을 반드시 지켜야 하며, 장례식장에 와서도 상주 또는 유족에게 간단한 인사말 외에는 거의 조용히 헌화하고 정해진 시간, 보통 오후 6시~10시에 문상을 하게 된다.

4. 제사

일본은 거의 스님이 와서 장례의식을 진행하며, 제사 때도 스님이 와서 제사의식을 진행하는 경우가 많다. 제사가 끝나면 뒷정리 후 주변 연회장에 미리 예약한 식사 자리에서 고인을 회상하며 가족 친척들의 회식 같은 분위기로 진행된다. 제사는 사후 7일, 14일, 21일, 28일, 35일, 42일, 49일, 100일, 1주기(週忌), 3회기(回忌), 13회기, 17회기, 23회기, 27회기, 33회기 등으로 지내는데, 보통 33년째의 마지막 제사를 끝으로 종료된다. 마지막 제사 때는 불단에 모셨던 위패를 태우거나 절에 모신다.

일본의 제사(法事)

〈독해〉 일본어로 읽는 일본문화(8)

① これが惜しい、日本の成人式

新年明けてしばらくすると日本全国のあちこちで「成人式」が盛大に行われる。成人になった当事者はもちろん、成人する子を持つ親にとっても格別な日である。まずもって両者ともに対して「おめでとうございます」と心より祝福したい。

日本では常識となっている「成人式」だが、世界を見渡すと珍しく、まずはそれだけである意味「有難い」。

そもそも論、「成人」年齢について、世界の常識は一定していない。大半の国において18歳となっているが、その次に21歳が多く、アフガニスタンやハイチなどの国々では14歳で、イラクやネパールなどの国は16歳を成人とみなしている。日本は選挙権は18歳で、成人式は20歳というように分かれているのも珍しい。

世界を見渡しても、日本のような国が一斉に、同年代を特定の地域ごとに集め、盛大に手厚く祝福する行事は聞かない。成人の証を刻む行事の中には、バンジージャンプや蟻に噛まれる痛みに耐えるなどを要求する部族がいることを聞いても、やはり日本の成人式は「有難い」。

私もかつて、頂いたお年玉で買ったスーツを身にまとい、出席したことを思い出す。式では数名の来賓のあいさつなどがあり、漫才を楽しんだ。一度切りの瞬間を残そうと写真を撮ってもらうも、ネガが入っておらず、幻となった苦い経験も持ち合わせている。

ほとんどの人にとって、めでたく、考え深い日としての成人式だが、メディアを通して流れて来るニュースは必ずしもそのような類のものばかりとは限らない。成人の行き過ぎた言動に関する報道などは今では恒例となっている。

日本の成人式は、ただの同窓会と化しているようである。主催母体によっては、口出さず、金だけを出し、式のキャスティングを新成人に任せているところもあると聞く。開催の意義を失いかけ「税金の無駄使いで、止めよう」の声も出る始末。

長きに渡り日本で続いてきた世界的に見ても珍しい有難い文化、「成人式」には、改善が求められる部分もあるのかもしれない。

日本の成人式の開催趣旨は、成人した者の激励と祝福となっている。そこにこそニュースとして露呈している成人の行き過ぎた言動などの根っこがあるのではないか。

例えば、一部ではあるが、日本周辺の中国や韓国でも成人式が行われているが、極めて厳かで、内容は、成人としての自覚を持たせる構成になっており、そこには成人としての誓いなどがある。

その点、日本の場合、その部分は基本的に存在しない。つまり日本の成人式は、周りが新成人に与えるばかりであり、新成人は与えられるばかりである。

日本の成人式の最も惜しい点はまさにそこにある。

(『Yahoo! JAPANニュース』 https://news.yahoo.co.jp/byline/nishantha/20180108)

② 結婚式と披露宴の違いって？何のためにするの？

結婚式とは、「神さまや参列者の前でふたりが結婚を誓う儀式」のこと。指輪交換や誓いのキスなど、ふたりがお互いに夫婦として生きていくことを誓う儀式が行われます。

一方、披露宴とは「結婚したことを知人にお披露目するためのパーティー」のこと。参加してくれたゲストと料理を食べたり、お酒を飲んだりしてお祝いの宴を楽しみます。ウェディングケーキ入刀や友人による余興など、場を盛り上げるための演出を取り入れる人も多いですよ。

一言でまとめると、「結婚式は儀式」「披露宴は日本では結婚式をした後、そのまま披露宴をすることが多いので、「結婚式=挙式+披露宴」だと思っている人もいるようです。「パーティー」と考えれば、違いが分かりやすいのではないでしょうか。

でも、挙式と披露宴はセットでなくてもOK。つまり、「挙式だけ」や「披露宴だけ」もアリなのです。両方する場合でも、たとえば披露宴というほど大がかりでない「身内だけのささやかな食事会」にするなど、スタイルはさまざま。ふたりにピッタリなスタイルを選んでくださいね。

結婚式には、たくさんのゲストがふたりをお祝いするために駆けつけてくれます。幼い頃から親しんでくれた親戚、学生の頃から仲良くしてきた友人、会社でお世話になっている上司。こんなに多くの人が一度に集まるのは、結婚式の日だけではないでしょうか。

(『結婚スタイルマガジン』https://www.niwaka.com/ksm/radio/wedding/ready/plan/03)

③ 日本の常識は世界の非常識!? 日本の火葬率は世界No.1

まず、日本と隣り合った中国や韓国はどうなっているのか。 中国や韓国は、葬儀に関して、儒教の2つの考え方が影響しているそうだ。一つは親に従い、孝行するという儒教の「孝」という考え方。もう一つは、儒教の死後は魂が二つに分かれ、ひとつは天に、ひとつは地に還るという考え方。

この二つの考え方からすると、火葬というのは親の体を焼いて破壊し、魂の還る場所をなくしてしまう重大な親不孝になってしまう。そのため、中国や韓国では土葬が主流だった。ただ、人口の多い中国と国土の狭い韓国。どちらの国も、多種多様な考え方が広がり始め、若者中心に儒教の教えが薄らいできているようで、じわじわと火葬が増えてきているそうだ…。

そのため、現在では中国は全体の約67%が火葬、韓国の火葬は49%と、火葬と土葬の比率はおよそ半分となっている。

では、欧米諸国ではどうなのか、アメリカやヨーロッパの主流は火葬ではなく土葬である。その理由として、欧米ではキリスト教徒が多く、死後の復活が信じられている。「遺体を焼く=復活できない」という考え方がある為、土葬が主流となっている。フランスでは 特に伝統的なカトリックの信者が多く、遺体を焼くことに抵抗がある人が多いため、火葬率は30%と低い水準である。

ただ、キリスト教徒の多い国は一律に土葬が主流かというと、イギリスは異例で火葬率が73%と高い。合理的と言われるプロテスタントが多い為、考え方もややドライ。そんな考え方が影響して火葬が受け入れられたのかとも考えられるが、実は土地不足の問題が多分に影響しているようだ。

その証拠にアメリカもプロテスタントの多い国だが、広い土地があるため、火葬率は40%とイギリスと比較すると低い水準である。キリスト教徒にとっての火葬は、やむにやまれずといったところなのだろう…。

(『小さなお葬式』https://www.osohshiki.jp/column/article/2/)

〈참고문헌〉

감영희 외(2017)『일본 사회와 문화』 동양북스

길희성(1999)『일본의 정토사상』 민음사

김숙자 외(2016)『사진으로 보고 가장 쉽게 읽는 일본문화』 시사일본어사

김호성 옮김(2005)『인물로 보는 일본 불교사』 동국대학교 출판부

고마 도시로(2007)『일본문화의 선구자들』 어문학사

박규태 옮김(1998)『일본 신도사』 예문서원

박순애(2004)『일본입문 일본의 문화와 사회』 시사일본어사

오태헌(2006)『일본 탐구』 석필

우메사오 다다오(2001)『일본인의 생활』 혜안

이경규(2018)『문화코드로 읽는 일본이야기』 신아사

이기용(2009)『현대일본의 사정』 선문대학교 출판부

이연식(2009)『유혹하는 그림 오키요에』 아트북스

이영숙(2017)『일본문화의 이해』 석필

이은주(2017)『새롭게 배워보는 일본 · 일본인 · 일본문화』 백산출판사

정진홍(2000)『종교문화의 원리』 서울대학교 출판부

정형 옮김(2000)『천황제국가 비판』 제이앤씨

정형(2009)『사진 · 통계와 함께 하는 일본, 일본인, 일본문화』 다락원

허인순 외(2009)『이미지로 읽는 일본문화』 어문학사

飯倉春武 遍(2007)『日本人のしきたり』青春出版社

大久保純一(2008)『浮世絵』岩波新書

大久保洋子(1998)『江戸のファーストフード：町人の食卓, 将軍の食卓』講談社

大林尚三郎(1988)『日本のすべて』三省堂

小沢浩(2004)『民衆宗教と国家神道』山川出版社

郡司正勝(2006)『歌舞伎入門』岩波書店

佐藤泰子(1997)『日本服装史』建帛社

高田倭男(2005)『服装の歴史』中公文庫

中塚明(1993)『近代日本の朝鮮認識』研文出版

服部幸雄(2008)『絵で読む歌舞伎の歴史』平凡社

平井聖(1980)『図説日本住宅の歴史』学芸出版社

水谷修 外(1995)『日本事情ハンドブック』大修館書店

南博(1983)『日本人の生活文化事典』勁草書房

森岡孝二(2005)『働きすぎの時代』岩波新書

義江彰夫(1996)『神仏習合』岩波新書

〈출처〉

https://blog.naver.com/kouran72/220939264052

https://blog.naver.com/sisaon/60119018806

https://blog.naver.com/yochiring/220665554528

https://blog.naver.com/viajant/220322634810

https://blog.naver.com/bi1he2s3/110129147793

https://blog.naver.com/a1231724/120151853451

https://blog.naver.com/seok9437/220021963062

https://blog.naver.com/dasakie/220445609721

https://blog.naver.com/skyvivid/80060229231

https://blog.naver.com/ttyyon/220135198005

https://blog.naver.com/oss0044/140051865115

https://blog.naver.com/witg9gqel/220919773436
https://cafe.naver.com/kwakjung11/30734
https://pholar.co/pic/158467/10279791
https://pholar.co/pic/359818/10160025
http://www.city.kagoshima.lg.jp/kokubunsai/jigyo/nougaku/
http://japanese.beijingreview.com.cn/exchanges/201703/t20170320_800091718.html
https://www.ozmall.co.jp/experience/performance/other/15441/
https://kurumecityplaza.jp/events/1032
http://www.meijiza.co.jp/lineup/2019/02/
http://yosestyle.yokohama/423.html
https://plaza.rakuten.co.jp/kaporinfukufuku/
http://hisui-tokyo.com/shodo/shodo-h1
https://nipponbiyori.com/flower-arrangement/
https://rekijin.com/?p=12992
https://www.vixen.co.jp/lp/monocle/cnts/shikki.html
https://bluebook.club/1926/
https://www.oita-press.co.jp/
http://www.kyuden.co.jp/qside_cat_sports_01.html
http://www.kyoto-su.ac.jp/more/2013/305/20131203_karate.html
http://www.iz2.or.jp
http://www2.icm-jp.com
https://www.niwaka.com/
http://www.bbth.co.jp/kisste/post-337
https://toyokeizai.net/articles/-/66909
http://www.otonarisoku.com/archives/48600406.html
https://travel.navitime.com/ja/area/jp/guide/NTJmat0525/
http://kagu-order.info/kotatsutuuhan/entry9.html

https://matome.naver.jp

https://www.homify.jp/ideabooks

http://sineihausing.seesaa.net/article/388523743.html

https://madcity.jp/akiyamondai/

https://sirabee.com/2018/01/08/20161450287/

http://pridal.jp/times/?p=5484

https://www.arkbell-ceremony.com/sanretsu/05/

〈찾아보기〉

이경규(李京珪)

일본 도카이대학에서 문학박사를 받았으며 도카이대학 외국어교육센터 전임강사를 거쳐 현재 동의대학교 일본어학과 교수로 재직 중이다. 한국일본근대학회 회장, 동의대학교 인문사회연구소 소장, 인문대학 학장 등을 역임하였으며, 현재, 동의대학교 동아시아연구소 소장, 중앙도서관 관장을 맡고 있다. 관심 연구 분야는 근대번역과 한자어이며,『중세기 일본 한자어 연구』,『근대번역과 동아시아』(공저),「일본 자음어 연구의 한 시점」,「명치기 번역소설에 나타나는 한자표기와 후리가나에 관한 연구」등 다수의 논저가 있다.

일본문화의 이해와 독해

초판 1쇄 _ 2018년 12월 31일
초판 2쇄 _ 2022년 8월 23일

저　　자 • 이 경 규
발 행 인 • 정 현 걸
발　　행 • 신 아 사
인　　쇄 • 대명프린팅
주　　소 • 서울시 은평구 통일로 59길 4(2F)
전　　화 • 02)382-6411 · 팩스 02)382-6401
홈페이지 • www.shinasa.co.kr
E-MAIL • shinasa@daum.net
출판등록 • 1956년 1월 5일 (제9-52호)

ISBN 978-89-8396-307-9(93300)

정가 13,000원

이 저서는 교육부의 산업연계교육활성화선도대학(PRIME)사업 사업비를 지원받아 집필한 저서임